西南财经大学法学院

光华法学文丛

高晋康 主编

国家社会科学基金项目2012CFX080
西南财经大学『中央高校基本科研业务费专项奖金』项目（JBK170802）

土地利用制度变化条件下乡村社会治理的法律机制研究

Research on the Legal Mechanism of Rural Social Governance under the Condition of Land Use System Changement

何　真
唐清利
张　欣　等著

法律出版社
LAW PRESS·CHINA

摘　要

从历史看,我国农村社会管理制度是否适应农村土地利用制度的变化是国家兴衰的关键,土地利用制度是农村社会管理制度变革的基本变量,如果农村社会管理制度适应当时土地利用制度,则社会稳定、经济发展;反之,则乡村衰败,产生诸多社会问题,甚至影响国家和社会稳定。当下,我们正在实施乡村振兴战略,土地利用变化形式和机制正在悄然变化,农村社会正在经历从管理向治理的转变,如何破解这个千古难题,成为本课题的使命。乡村振兴战略的核心问题在于,如何把传统社会管理制度转变为与乡村振兴相适应的乡村社会治理现代化体系,进而实现土地利用制度优化。因此,本课题研究的重点是:立足于历史,研究农村社会管理制度如何回应土地制度的变化；立足于现实，研究土地利用制度的变化对乡村振兴社会治理提出的新课题；立足于法治，厘清土地制度、土地所有权制度、土地利用制度之间的关系；立足于比较，对比国内外土地利用制度变化与社会治理机制的关系，寻求在全面依法治国大背景下，乡村振兴对于社会治理和土地利用制度产生的影响，并由此提出因应之策。

自 1949 年以来，我国经历三次农村土地权属制度变化与农村社会管理变革，两者之间形成因应互动关系，即在农民有限的土地私有阶段确定行政村为一级地方政权机关，在渐进的集体所有阶段设立合作社、人民公社、生产大队等社会管理机关，在完全的集体所有阶段建立村民自治组织。随着城市化的发展，城乡二元土地所有制结构形成，农村土地利用形式与土地所有制分离，只有通过把集体土地转变为国有土地才能转变城市土地使用权出让的利用形式，而未转变性质的农村集体土地则通过立法形式采取设立承包经营权，并承认所有权、承包权和经营权分离的土地利用体制机制，农村土地利用形式包括了流转、转租、转包、互换等方式。然而，法律的逻辑并没有完美地规划实践的路径，虽然我国法律明确了“农村集体经济组织”的所有权主体地位，但是，既没有明确其具体内涵，也没有规定现实中集体土地的所有权应当归谁行使，更没有明确规定行使所有权的组织机构及其权限。现实中，往往存在村民委员会与农村集体经济组织混同行使农村集体土地所有权的现象，村委会成为实质意义上的集体土地所有权人，由村民委员会和政府达成协议就可以把集体土地转变为国有，农民和农村集体经济组织权利虚化。这种现象不利于保护农民和农村集体的利益，并可能对乡村社会治理产生很大的负面影响。农村集体土地家庭联产承包经营责任制作为适应小农经济的土地利用形式，在遭遇“村企不分”的农村社会管理现实时,时有发生损害农民权益、土地保护脆弱、土地经营效益低下、难以实现农业现代化经营等问题,这与改革的目标相去甚远,更不符合乡村振兴重大战略和社会治理的法治之路。

基于以上目的和现实困境,课题组在大量实证调查的基础上结合我国既有法律制度的现实,提出在我国农村集体土地三权分置的改革背景下,应当以实现农村集体土地国有化和实化农民权利为手段,以市场为基础,以法治为保障,以乡村社会治理现代化为基础,最终实现三农问题的有效解决,实现乡村振兴社会治理与新时代土地有效利用的有机互动。我们研究发现,取消农村土地集体所有制,统一为国家所有,全面覆盖农村社会保障以及逐渐放开户籍制度,不仅没有损害农村社会主义公有制的制度基础,反而更有利于统一市场要素的性质和价值,促进农村土地利用价值的提升,实现资源与资本的有机融合;同时也没有改变村委会作为行使集体土地所有权行使者的身份,反而优化了农村社会治理主体的能力。同时,对于农民主体来说,集体抑或国有都改变不了其作为土地承包经营者的身份,反而减少了土地性质转变过程中因农民和集体经济组织主体地位虚化而可能产生的租值耗散甚至寻租行为,从而有利于培育农村市场一体化和降低农村社会治理成本。把农民经济主体身份分离和实化出来,真正实现村委会和农村土地利用相关者的社企分开后,可以通过设立农村产权交易所,设立农村产权交易监督委员会,建设农村专业化就业市场、职业中心和培训中心,形成统一、规范、竞争、有序的农村土地利用市场,实现所有者、管理者、经营者、监督者有效地分离和制约。如此,可以改变长期存在的城乡二元结构赖以维系的产权基础,进而通过交易规则的统一,促进城乡治理规则的统一,进而实现法治方式的统一,从而为乡村社会治理现代化提供更为科学和法治的土地利用制度保障。

关键词:土地所有权　土地利用　农村土地权利主体　乡村治理现代化

目　录

导　论

一、问题的提出

土地制度是关于土地所有、占有、支配和使用诸方面的原则、方式、手段和界限等政策、法律规范和制度的体系。广义指包括一切土地问题的制度，是人们在一定的社会经济条件下，因土地归属和利用问题而产生的所有土地关系的总称，主要包括土地所有制度、土地利用制度、土地规划制度、土地保护制度、土地征用制度、土地税收制度和土地管理制度。狭义指土地所有制、土地利用制和土地管理制度。土地所有制在法律上的集中表现是土地所有权，是土地所有权的经济基础。土地所有制是指在一定社会生产方式下，由国家确认的土地所有权归属的制度。土地所有制是生产资料所有制的重要组成部分，是土地制度的核心和基础，其他制度都建立在土地所有制的基础上。土地制度的基本目标是保证土地资源的合理分配和有效使用。中国实行土地的社会主义公有制,即全民所有制和劳动群众集体所有制。[①] 土地利用制度也叫土地使用制度,相对于土地所有制度而言,它是在一定土地所有制度下,人们利用土地的程序、手段、方式的规定,涉及土地所有者与土地利用者之间的关系,涉及双方的权利、义务以及国家对土地利用的管理,其目标是保证土地资源的有效使用。土地使用权则是土地利用制度在法律上的表现,在每一种土地所有制的条件下,都存在相应的土地利用制及其具体表现形式,土地所有制总是力求通过恰当的土地利用制使自己得到实现、巩固和发展。就所有权与利用权两者之间的关系而言,土地利用制度可大致分为所有权与使用权相结合及所有权与使用权相分离两大类。在土地使用权与所有权分离条件下的土地利用制,可大体分为无偿使用制和有偿使用制两大类别。就土地所有者与土地使用者之间的经济利益关系而言,土地使用权可分为土地所有者与土地使用者双方的根本利益是对立和一致的两大类。[②] 自 1978 年党的十一届三中全会以后,我国农村经济逐步改革,普遍实行了家庭联产承包经营责任制,即把集体所有的土地等生产资料承包给农民,以户为单位独立经营,自负盈亏。除向集体上交提留和向国家交纳农业税以外,其余全部收入归农民个人。这种家庭联产承包制度,实际上是把土地的使用权与所有权在一定程度上分离开来,在消除平均主义、体现按劳分配原则、调动农民生产积极性方面,发挥了巨大的作用,促进了农业生产的迅速发展。同时,该制度还在确保土地所有权性质不变的情况下,改变利

① 参见何盛明主编:《财经大辞典》,中国财政经济出版社 1990 年版。

② 参见陆雄文主编:《管理学大辞典》,上海辞书出版社 2013 年版。

用方式实现了人地分离，既提高了土地利用效率，更将人从土地上解放出来为城市提供了丰沛的劳动力资源，为城市扩容和工业化用途提供了较为方便的制度安排，有力地支持了城镇化发展，为我国经济发生翻天覆地变化奠定了坚实基础。

自从国家出现以来，人类在法律上经历了从身份到契约的进化，①社会经历了统治、管制、管理、治理四个阶段。在20世纪80年代西方兴起的地方政府治理运动标志着人类公共生活新时代的来临，当代社会治理具备了社会基础。② 20世纪90年代，当代国家转向治理型，治理理论成为西方学术界特别是政治学、行政学、社会学和管理学等学科探讨的理论热点问题。③ 在法治社会，农村社会治理的内涵和机制发生了重大变化，但是，土地问题依然是农村问题的核心，我国连续多年的中央1号文件的主题都是农业问题和土地利用问题，只不过在三权分置语境下，土地利用问题更加突出。④ 从中国历史看，“井田制”“初税亩”“均田制”“一条鞭法”“摊丁入亩”“三级所有，队为基础”“家庭联产承包经营责任制”等各种土地制度的核心都是解决土地利用问题，每一种土地利用制度都有与之相应的农村社会管理制度，并由此规定了中国农村社

① 参见[英]梅因著：《古代法》，沈景一译，商务印书馆1959年版，第154页。

② 参见王义：《从管制到多元治理：社会管理模式的转换》，载《长白学刊》2012年第4期。

③ 参见姜晓萍：《国家治理现代化进程中的社会治理体制创新》，载《中国行政管理》2014年第2期。

④ 从历史的角度，在社会发展的不同阶段有不同的土地制度，传统社会以社会管理和管制与土地所有制和土地利用制度相呼应，当前，全面依法治国理念深入人心，法治社会以权利保护和权力制约为基础，社会进入了多元治理阶段，与之相应的便是社会治理，而在我国明确了土地国家所有和集体所有的制度前提下，中央提出了“三权分置”的土地利用制度，为本课题研究和土地利用制度的完善提供了坚实的研究基础。

会管理模式。[①] 土地利用制度在一定时期内以一定的社会体制固定下来，但并不是一成不变的。随着社会阶层和社会财富等分配的变化，土地利用形式会逐渐突破最初的土地利用制度设计，并与原有农村社会管理制度发生冲突，甚至出现断裂。这种冲突和断裂的严重程度成为推动社会转型或者变革的重要因素，并对社会矛盾和社会发展产生至关重要的影响。历史一次次证明，当土地日益集中在地方"士绅"手里，地方政府逐渐失去了对基层的组织能力，中央集权无法延伸到乡村的时候，封建王朝便在农民起义或割据战争中更迭，并重新建立起新的土地利用制度和乡村治理机制与秩序。[②] 因此，土地利用制度的变化是农村社会管理（治理）制度的决定因素，[③]两者相适应就进入太平盛世；反之，则是变法或起义不断，天下大乱。土地利用制度与农村社会管理制度的适应程度对社会稳定和国家的盛衰转换具有极其重要的影响。[④]

农村社会管理制度建立在相应的土地利用制度基础上，对我国当下的社会经济发展产生了重要作用。1949 年后，我国确立了

① 原始社会，实行氏族公社土地公有制度；夏商周时期，实行土地国有制——井田制；春秋时期，井田制瓦解；战国时期，井田制被废除，封建土地所有制确立，一直延续了两千多年。曹魏时期，曾经实行屯田制；北魏到唐朝中期，实行均田制。均田制是中国古代一项重要的土地制度，产生于北魏，继之后的北齐、北周以及隋唐都承袭了这一制度。随着地主经济的发展壮大，土地兼并也随之日益严重，均田制形同虚设。唐末五代以后，均田制退出历史舞台。参见李锡厚：《均田制兴废与所有制变迁》，社会科学文献出版社 2016 年版。

② 参见钱穆著：《中国历代政治得失》，生活·读书·新知三联书店 2001 年版，序。

③ 在本书行文中，农村社会管理是针对传统社会而言，乡村治理则是针对法治社会中城乡一体化趋势中的农村社会治理而言，这两个概念在文章虽同时出现，但都是在特定历史发展阶段的农村社会运行样态和管理模式。

④ 参见张康之：《社会治理建构的反思性阐释》，载《行政论证》2018 年第 2 期。

将土地公有制作为社会主义农村的经济基础，并根据社会发展需要适时颁布法律，几经变革我国农村土地利用制度，相应地改变了农村社会管理制度。为了配合“土改”的顺利进行，1952 年 12 月政务院确定行政村与乡为一级地方政权机关。“土改”完成后，为了推进社会主义改造，1954 年《宪法》确立了农民土地所有制，并取消了行政村的建制，为农业合作化提供了条件。农业合作化时期，逐渐取消了农民土地私有制，实行土地国有化，这时的村级组织成为乡人民政府的下属机构或派出机构。人民公社时期，实行“三级所有，队为基础”的土地制度和土地利用制度，农村社会进入高度集中的人民公社管理体制。改革开放后，1982 年《宪法》确立了公有制基础上的农村土地家庭联产承包经营责任制，农村社会管理体制实行以村民委员会为基础的村民自治。三十多年来，家庭联产承包经营责任制成为中国农村最引人注目的经济变革，而村民自治则成为确保其得以推行的最重要的政治变革。“乡政村治”模式阶段替代了集体化时期的“集权—政治运动模式”。① 土地利用采取家庭联产承包经营责任制对于改变中国社会结构、乡村治理模式和促进中国较长一段时期的高速发展和快速城镇化起到了关键性作用。

农村社会管理制度相对于土地利用实践的变化具有稳定性和滞后性，巩固和完善农村基本经营制度，是实现乡村振兴的重要基础。深化农村土地制度改革，完善承包地“三权分置”制度，对于我国土地产权制度具有重要意义。随着改革的深入，我国农村土地利用制度在实践中正在急剧变化，以村民自治为基础的农村社会管理制度受到了严峻挑战。相对于土地制度或土地所有制的长期

① 参见吴理财：《中国农村社会治理 40 年：从“乡政村治”到“村社协同”——湖北的表述》，载《华中师范大学学报（人文社会科学版）》2018 年第 4 期。

稳定性而言,土地利用形式在一定的法律框架内具有较强的变化性。在改革的语境中,"先行先试"成为土地利用制度创新的突破口,一些在实践中有利于促进土地优化利用的措施被地方上升为政策,从而在中央专属决定土地制度和土地所有制的宪法法律框架下形成了土地利用制度的灵变机制。中央设立统筹城乡综合配套改革试验区时就明确赋予了地方先行先试发展统筹城乡规划,加强村镇规划编制,建立健全城乡规划体系,优化城乡土地利用结构,合理规划县域城镇建设、农田保护、产业集聚、村落分布、生态涵养等空间布局等"特权"。成渝两地在推进城乡统筹的过程中对于农村社会管理体制进行了很大的创新,如锦江区将村民委员会、农村集体经济组织和村民监事会分立设置,既形成了比较强大的集体经济,把农村社会由管理转向多元化治理,又强调村民权利保障和对村委会的监督制约,从而促进了城乡一体化的迅猛发展。然而,农村社会管理制度事关国家权力结构和政体,属于中央事权,基层自行变革的空间有限。当法治成为乡村振兴的历史选择,构建现代乡村治理体系便成为实现国家治理能力和治理体系现代化的基础,以村民自治为基础的农村管理模式转向了以党的领导为核心的自治、德治与法治相融合的现代治理体系(以下简称一核三治)。与之相呼应,国家开始改革和完善农村土地制度。2015 年国务院出台《关于开展农村承包土地的经营权和农民住房财产权抵押贷款试点的指导意见》,开展农村承包土地经营权和农民住房财产权的抵押贷款试点工作。2016 年中央印发了《关于完善农村土地所有权承包权经营权分置办法的意见》,将农村土地产权中的土地承包经营权进一步划分为承包权和经营权,实行所有权、承包权、经营权分置并行,这一意见的出台在现阶段具有非常重要的意义,是继家庭联产承包经营责任制后农村改革又一重大制度创新。

2017 年的《中华人民共和国土地管理法》(修正案)涉及 41 条条款,允许集体经营性建设用地入市,规范土地征收范围、征地程序和补偿机制,并鼓励进城居住的农民依法自偿退出宅基地。这些制度改革的总体方向是明晰农村各项产权,保障农民的土地权益以及监督限制公权力的行使。2018 年的中央一号文件《关于实施乡村振兴战略的意见》再次强调,完善农村承包地“三权分置”制度,在依法保护集体土地所有权和农户承包权前提下,平等保护土地经营权。党的十九大报告首次提出实施乡村振兴战略。2018 年乡村振兴战略有力实施,新型城镇化扎实推进。2019 年继续扎实推进乡村建设,科学编制建设规划,大力改善生产生活条件。乡村振兴的总要求是“产业兴旺、生态宜居、乡风文明、治理有效、生活富裕”,这也成为构建现代乡村治理体系的总纲。

在乡村振兴背景下,土地社会主义公有制仍然是不可动摇的基础,土地利用却发生了巨大变化,一系列改革举措实际上已构成了对土地利用制度的改变,以村民自治为基础的农村社会管理模式正在发生理念和制度的创新。其中具有相关性的土地利用制度和社会管理的双向互动亟需得到理论解释和支持。然而,随着实践的深入,建立在公有制基础上的农村土地集体所有权是否符合“三权分置”的改革方向?乡村振兴对于土地利用的变革与正在推行的“一核三治”为基础的乡村社会治理现代化方向是否一致?土地利用制度的变化与村民自治制度是否仍然适应?土地利用制度与乡村治理体系现代化都建立在土地社会主义公有制基础上,但是原有的城乡国家所有与集体所有二元结构是否仍然适应城乡一体化发展趋势?这些问题一直没有得到合理的解答,这正成为本课题的研究方向,最后获得的认识也就回答了土地利用制度变化与农村社会管理制度之间的因应关系。

由于乡村社会治理是一项系统而浩大的工程,任何研究都不可能面面俱到。基于可行性,本课题选择处于工业化和城镇化交汇处的,具有相对集中的农村人口的,变化速度很明显的,社会矛盾相对复杂的西部地区作为分析样本,并且聚焦于在新形势下以村民自治为基础的乡村社会治理形式对土地利用制度变化的适应情况以及这些地方通过其他形式进行修正的效果,力求提出科学的法治改革建议。为此,我们拟重点研究以下几个方面的问题:如何解释土地利用制度与乡村社会治理改革之间的关联互动性?如何在农村实际居住人口老龄化和急剧减少情况下改进乡村社会治理制度和提高土地利用效率?如何构建与土地利用制度变化相适应的乡村社会治理法治体系等?在此基础上,我们试图抛砖引玉地回应如何改革农村土地集体所有权以适应土地利用制度变化和村民权益保护?如何实现农村集体经济组织改革与乡村社会治理现代化的均衡?

二、文献综述

由于对农村土地利用影响最大的因素是城市化,对农村社会治理影响最大的因素也是城市化带来的人口流动以及农村人口结构变化,因此,城市化理当成为研究农村土地利用制度变化和社会治理的重要因变量,但同时也得把农村人口本身作为自变量去思考治理的策略选择。这种认识决定了我们进行文献和理论选择的方向,也确立了对实践观察的方向。相关文献从城市化、土地利用、社会治理及三者相关性入手,把农村土地利用和农村人口在城市化过程中发生变动的现象与农村社会治理的相关性结合起来研究,为本课题提供理论基础。

(一)国内既有研究述评

城市化进程中土地所有权的变化导致农村社会结构变化。有学者认为,城市化既是农村人口向城市转移并导致城市数量增加和规模扩大的过程,也是城市的生产生活向农村扩展并伴随城市文明向农村普及的过程,①实现了农民身份向市民身份的转换,社会治理以职业区分代替身份区分,实现本国公民在法律意义上的身份平等,从而使全体国民在同等情况下对同一性质的人身和财产具有同等的支配权并享受其利益。这类观点很有道理,直接论及城市化对土地利用制度及直接相关的土地所有权的影响,并发现了土地利用制度变化与社会治理之间的相关性。但是,这类观点没有论及城市化带来的农村人口相应减少从而带来的城乡人口结构的变化,在长达数十年的土地利用制度变化的影响下,农民越来越从土地上解放出来为城市提供了劳动力,但是,农村出现了严重的老龄化和低素质状况,这给乡村治理体系和能力现代化带来了严峻的挑战。有学者认为,我国当前的城市化运动是建立在政府主导的基础上,政府在土地规划、城镇建设等方面具有直接决定的权力,②这种模式进一步削弱了农村集体和农民在土地所有权和利用方面的话语权,进而削弱了村民自治的基础。这种认识为解释农村集体经济发展陷入困境的原因提供了理论支撑,农村集体经济的实现缺乏有效保障,尤其是农村财产权制度并不明晰导致

① 参见简新华、黄锟:《中国城镇化水平和速度的实证分析与前景预测》,载《经济研究》2010 年第 3 期。

② 参见李强、陈宇琳、刘精明:《中国城镇化"推进模式"研究》,载《中国社会科学》2012 年第 7 期。

农民主体地位难以彰显,[1]造成农民土地财产权利缺乏保护,农村集体经营性建设用地效率低,城乡土地流转权不平等。[2] 这些研究成果对城镇化带来的土地利用制度的变化,及其对农民地位和农村社会管理的影响有所触及,也注意到了其中土地所有权的形式在城镇化进程中的变化,但遗憾的是,相关研究没有更深入一步,直接从权利制度变化入手去揭示农民和农村社会管理因应土地利用制度变化采取的策略,也没有提出实行城乡一体的土地国有制对于农民权利保障和改进乡村社会治理带来的好处。

土地所有制与土地所有权、土地利用制度可以适当分立。有学者认为,土地集体所有制不同于集体所有权,农村土地的市场价格并未能真正体现其价值,这是导致城乡不平等的要素交换关系,全国都存在的小产权房问题就说明了这个问题,深圳的小产权房占到深圳住房面积的50%以上,国家面临取缔亦或认可的两难困境。[3] "土地利用完全可以由农民集体和第三方直接进行协商和交易,政府并不需要取代农民集体成为权利人和交易人。政府的角色是审批规划的合理性,而非直接介入征地。"[4]"将城镇化等同于土地征收是对《宪法》第10条有关农村土地集体所有制规定的误解。城市化建设不需要征收土地,只要根据通行的法律解释规则

---

① 参见陈小君、高飞、耿卓:《我国农村集体经济有效实现法律制度的实证考察——来自12个省的调研报告》,载《法商研究》2012年第6期。

② 参见国务院发展研究中心农村部课题组:《从城乡二元到城乡一体——我国城乡二元体制的突出矛盾与未来走向》,载《管理世界》2014年第9期。

③ 参见许绍勇:《我国城乡二元土地制度的负面效应与改革路径研究》,载《东南学术》2016年第1期;付莹:《深圳经济特区有偿使用土地制度变迁及其影响》,载《深圳大学学报(人文社会科学版)》2016年第7期。

④ 张千帆:《农村土地集体所有的困惑与消解》,载《法学研究》2012年第4期。

与方法对《宪法》第10条进行合理解释，而没有必要授予政府滥征强拆的无限权力。”①学者们围绕土地所有制展开了激烈论争，并形成了土地政策改良、土地私有化和土地全面国有化三派主张。

改良派的基本观点是在已有制度下，实现农村土地使用权的自由交易，从而满足市场对土地的需求以及农村集体经济组织作为所有权人应有的利益，土地私有制有违土地社会主义公有制的基本制度。同时，改良派也认为，由于村民委员会在农村中普遍与集体经济组织合二为一，国家和集体利益不分，滋生权力寻租和腐败，应当分离村民委员会和集体经济组织，村民委员会回归社会管理的政治职能，由集体经济组织负责农村集体经济的经营和管理，村民委员会不干预集体经济组织的管理和经营，从而实现政企分开。② 农村集体的政治职能和经济职能的分立应通过立法予以明确；集体经济组织成员的资格认定对农村集体经济组织的运作及其利益的分配至关重要。③ 有学者结合集体经济主体与权利行使的关系，主张采用法人组织形式解决上述问题，如采用农民集体转制为公司、组织土地合作社以及组织土地基金会等方式建立土地法人所有制，以克服目前集体土地概括所有化过程中的缺陷。④

私有化派认为，只有土地的所有者具有完整的所有权时，所有权人才能够意思自治，基于市场交易规则实现土地的流转，以

① 张千帆：《城市土地“国家所有”的困惑与消解》，载《中国法学》2012年第3期。

② 参见仝志辉：《村委会和村集体经济组织应否分设——基于健全乡村治理体系的分析》，载《华南师范大学学报（社会科学版）》2018年第6期。

③ 参见陈小君、高飞、耿卓：《我国农村集体经济有效实现法律制度的实证考察——来自12个省的调研报告》，载《法商研究》2012年第6期。

④ 参见陈甦：《城市化过程中集体土地的概括国有化》，载《法学研究》2000年第3期。

此实现土地最大利益；农村土地集体所有制是过去政治运动的产物，已经不符合当前的生产力和生产方式，严重阻碍了农村经济的发展。① 集体并非一个明确的法律术语，“集体”作为所有权主体是模糊的。②《物权法》对“集体”的解释就有三种（村内农民集体、村农民集体和乡镇农民集体），且未明确划分三者之间的界限，引起了很多争论。③ 另外，由于法律在集体所有的所有权主体之外，又另行规定了使用主体，这导致了所有权主体和使用权主体的分离。法律未明确规定不同权利主体行使权利的范围、形式以及程序，从而造成了所有权主体和使用权主体在土地使用上存在错位。④

国有化派认为，土地的集体所有权对应的是劳动群众集体所有，但是，在现实中作为劳动群众主体的农民经济主体地位却被“虚化”，并认为从我国公有制和土地“资源”属性的角度出发，将农村土地国有化是土地制度改革的必然方向。⑤ 一些农民认为农村集体经济组织代表国家，集体所有相当于国家所有，集体所有和国家所有在农民的意识中是相同的。⑥ 这些研究很有启发，为本课题

---

① 参见刘永佶：《论中国农村土地制度的改革》，载《中国特色社会主义研究》2014 年第 1 期。

② 参见高飞：《论集体土地所有权主体之民法构造》，载《法商研究》2009 年第 4 期。

③ 参见蔡立东、侯德斌：《论农村集体土地所有权的缺省主体》，载《当代法学》2009 年第 6 期。

④ 参见高飞：《论集体土地所有权主体之民法构造》，载《法商研究》2009 年第 4 期。

⑤ 参见罗猛：《村民委员会与集体经济组织的性质定位与职能重构》，载《学术交流》2005 年第 5 期。

⑥ 参见陈小君：《农村集体土地征收的法理反思与制度重构》，载《中国法学》2012 年第 1 期。

研究提供了很好的基础，我们倾向于土地国有派的理论，认为只有通过土地所有权制度的改革才能适应社会治理结构的变化，并且，将土地集体所有制上升为国有制，并没有改变社会主义公有制的本质，同时还进一步确认了农民的市场主体地位和土地利用权主体地位。①

我国农村土地利用和社会管理问题的当务之急是厘清政府、村民委员会、农村集体经济组织以及农民对农村土地利用的权限。具体而言，农村土地所有权、承包权和经营权应当由谁行使、如何行使，政府应当如何调整自身的角色，村民委员会和村集体经济组织的权限划分，这些问题存在的根本原因是将土地所有制、土地所有权和土地利用制度混同了，导致理论与实践模糊。我们认为，在农村土地公有制基础上，实行土地所有权国有化和土地利用多元化与市场化有利于重构现代乡村治理体系，但是，由于国有化派理论未深入回应上述土地利用过程中存在的问题，也就没有论及土地利用制度变化和土地所有权变化的关系，也没有从既定的土地所有制及其相关的土地所有权相对稳定的现实出发论及土地利用制度变化与农村社会治理结构变化之间的相关性，这正是本课题努力的方向。

（二）国外既有研究述评

国外研究主要从经济学或人口学的角度对城市化进行研究，重点涉及“人口在城乡之间的分布状况变化”、人口迁移和“农村劳动力转移”等方面，其理论深刻揭示了城市化引发的土地利用变化

① 这犹如当年的企业改革在争论中通过“抓大放小”把大规模的集体所有制企业淘汰了，结果大大增强了国有企业的竞争力和控制力，巩固了公有制的基础性地位，以城市为中心的市场经济获得极大的成功。

与农村社会治理结构变迁之间的关系。① 1954 年英国经济学家刘易斯提出，在许多发展中国家的农村中，农村剩余劳动力被逐利动机所驱动，不断涌入现代工业部门，以满足其对劳动力的需求。②费景汉和拉尼斯于 1961 年提出了在二元经济结构下将工业与农业部门的发展结合起来的人口流动模型，揭示了农村社会治理结构的变化根源。③ 2004 年卢卡斯提出，城市化正在经由从传统土地技术密集型部门向人力资本密集型部门转移的历程，④土地与人口相结合的模式在城市化进程中的作用已在发生变化，人口和资本相结合的作用正在提升，这导致农村土地利用的价值正在高于土地所有权的价值。2012 年 Alok Kumar，Brianne Kober 提出，城市化进程直接影响社会整体的生产率。⑤ 农村社会结构正在城市化进程中发生解构，农村社会治理模式亟需重构。学者们把城市化进程中对农村社会治理的研究焦点集中到了土地财产权上，Dan Usher 认为，财产权促进繁荣，财产权可以防止民主被侵蚀破坏（这种侵蚀破坏往往是通过多数人对少数人财产的掠夺造成的）。由于追求效率或者官僚主义的原因，财产背后的个人利益常常遭到忽视，基于此，寻找一个长久稳定的民主政府是非常必要的，而这个政府必须保护个人的财产权，防止个人财产权被侵害。土地所

① 参见顾宝昌著：《社会人口学的视野：西方社会人口学要论选译》，商务印书馆 1992 年版，第 311～355 页。

② See Lewis，WA，"Economic Development with Unlimited Supplies of Labor"，*in Manchester School of Economics and Social Studies*，1954（22）：pp. 139－191.

③ See Fei J，Ranis G，"A Theory of Economic Development"，*in American Economic Review*，1961（57）：pp. 65－70.

④ See Lucas Robert E，"Life Earnings and Rural Urban Migration"，*in Journal of Political Economy*，Vol. 112，No. 1，2004.

⑤ See Alok Kumar，Brianne Kober，"Urbanization，Human Capital，and Cross-country Productivity Differences"，*in Economics Letters*，2012（117）.

有权之于他们,同其他财产权一样,属于私有财产权。①

但是,值得注意的是,西方学术界在强调土地私有的同时,也认为政府行为、国家行为与个人利益的受损与否息息相关,普遍认同土地之上存在国家权力与个人权利的平衡。在美国,土地所有权作为私有财产权肩负着表达个人主义的重要使命,但是,一些土地上仍然会涉及国家权力与个人权利的边界问题。Anonymous 以美国为研究对象,分析了美国在阿迪朗达克(Adirondack)国家公园内的土地上是如何处理国家与个人的关系的,阿迪朗达克国家公园,被喻为"美国最大的荒野",它是美国最大的自然保护地,亦为美国的旅游胜地,但公园内仍有许多土地属于私人所有。对公园内的私有土地,国家的做法是:政府机构保留问责、监管、征税与领主四项权力,所有权仍归原所有权人所有,国家则可以按照市场交易规则陆续从土地所有者那里获得使用权。② 这充分体现了美国土地所有制、土地所有权和土地利用制度之间的关系,美国的土地利用和社会治理模式与坚持土地国有制的国家虽然制度逻辑上不同,但是,处理方式上具有明显借鉴价值。然而,我们也要充分认识到其相较于我国的不同之处。西方国家城市化进程与人口的迁移和劳动力的转移基本是同步的,其人口流动自由,没有户籍制度对其进行约束与限制,所以,即使农村人口转移至城市,其所享受的权益及其保障和城市人口并无差异,土地与人口的分离相对更加容易。而我国的城市化过程则因户籍制度的限制和农村社会资

① See Dan Usher,"Property Rights,the Social Contract and the Requirements for Democratic Government: Reflections on the Calculus of Consent", *in Public Choice*, 2012(152).

② See Anonymous, "How a New Land Ownership Law Affects US", *in ProQuest*,2013(5).

源的局限，人口与土地分离并不容易，农民在市场上自由交易转让土地的权利范围和方式受到比以土地私有制和私有权为基础的西方国家更多的限制，H. N. Vanlier 等认为，土地利用政策以及实施这些政策的操作指南，主要侧重农用土地的可持续利用规划。[①] Hans 提出，在以政府调控为主导的土地利用规划里，仅仅作为规划执行者的私有不动产开发商只能依照政府的规划执行。[②] George D. Brown 认为，美国各区域关于土地利用的立法并不很完善，应强化透明度与责任制，统一全国范围内的土地立法。[③] 因此，我国学者比西方学者更关心对土地利用中的权力结构及其对解决三农问题的作用的研究，国外相关研究更聚焦于如何利用及如何处理利用中的关系方面，对土地利用制度的内涵和外延以及政府在土地利用中的角色的理解都有所区别。

（三）既有研究的不足及尚待解决的问题

上述国内外理论为本课题研究提供了比较充分的基础，但是以下问题没有得到更深入的理解：第一，国内研究大多局限于农村和农村土地集体所有制，没有分析城市土地国有化的成功经验能否移植到农村？乡村振兴背景下的土地利用是否还要继续坚持城乡制度的二元化？破除土地所有权与之相应的土地利用制度城乡二元化对于乡村社会治理现代化有何意义？第二，虽然大多数发达国家的土地制度是土地私有化，但是国外已经开始重视

① See H. N . Van Lier, "The Role of Land Use Planning in Sustainable Rural Systems", *in Landscape and Urban Planning*, 1998, 41(2).

② See Hans L, "Market Oriented Land-use Planning: A Conceptual Note", *in Planning and Markets*, 2002, 5(1).

③ See George D. Brown, "State Land Use Laws and Regional Institution", *in Boston College Environmental Affairs Law Review*, 1975(1).

政府对土地的控制力,慢慢从市场中回购土地,主要目的是为了实现土地资源的可持续利用以及环境保护。我国从可持续发展的角度应如何改革我国土地所有权制度?第三,土地的国有是否就代表着农民彻底失去土地的控制权?“三权分置”改革背景下土地所有权和土地使用权如何实现有效分离?作为乡村治理制度体系核心组成部分的户籍制度和社会保障制度如何适应农村土地利用制度的变革?农村土地国有化会不会出现农民“暴富”,进而产生城市居民与农民贫富悬殊或流离失所等社会治理“灾难”问题?

回到本课题研究主旨,就我国城市化进程中的土地利用制度变化情况去检讨社会治理,至少还有以下问题尚未解决:其一,能否突破实行几十年的农村所有制限制,重塑我国农村土地所有制?这是解决其他问题的基础,也是难题所在。这一问题能否突破关系到我国农村的市场化程度和社会管理的走向问题。其二,如何厘清农村各个主体之间的法律关系,如何实现基层治理组织和经济组织之间的政企分离,如何处理农民、集体经济组织以及村民委员会三者之间的法律关系?这是关系到中国能否实现城乡一体化,以及真正意义上的公民身份平等化的基础性问题,这是实现乡村治理现代化的基本条件。其三,如何构建农地产权制度,使农民从独立的法律主体成为真正意义上的独立经济主体?这是激活农村市场和保护农民利益的关键,也是实现乡村社会治理现代化的基本制度保障,回应并试图克服以上问题与不足成为课题推进的方向,也由此确立了课题探讨土地利用制度与农村社会管理之间的关系的基本进路。

三、研究思路、研究方法与主要内容

（一）研究思路与研究方法

既有文献表明，土地利用制度和土地所有权制度、土地所有制是农村社会资源分配和社会管理的基础要素，在不同土地所有制国家的城市化实践中，三者以分离或混同的方式完成对农村社会的管理和农民身份及其权利的界定。具体到我国农村社会的发展和管理模式的演变进程中，土地利用形式的变化对于农村社会管理具有很强的引导作用，农村社会管理体制变化又影响了土地利用的效率和形式。因此，本课题以探寻土地利用和社会结构变化之间的相关性作为主线，从土地利用形式及其制度逻辑入手，通过分析农村各主体、利益相关者以及彼此之间的关系，探讨如何在乡村振兴背景下通过调整土地所有权制度改变土地利用形式，进而配置合理的权力结构和制度框架，以实现新时代乡村社会治理创新。最后，我们着眼于防止城市化出现异化和失范的双重矛盾，提出了优化村民自治和乡村社会治理的建议和理论。

本课题主要采用了比较研究、历史研究、实证研究和规范分析的研究方法。一些发达国家城市化进程中土地利用的形式与制度逻辑对我国具有一定的参考价值，这就需要采取比较分析的研究方法。同时，我国具有自身特色的历史和传统，采用历史研究法，可以从土地利用制度尤其是土地所有制的制度变迁中发现不同历史时期面临的难题及相关的制度回应，并通过相关制度的历时性研究，把握制度变迁的总体脉络和基本走向，或能为当下农村土地制度改革提供可参考的有益经验。同时，我国正处于新时代全面深化改革大潮之中，要使研究更有质量，更符合现实需要，必须采用实证分析的研究方法。2007 年 6 月，国家发改委批准重庆市和成都市设立国家级综合配套改革试验区，要求重庆市和成都市要从实际出发，根据统筹城乡综合配套改革试验的要求，全面推进各个领域的体制改革，并在重点领域和关键环节率先突破，大胆创新，尽快形成统筹城乡发展的体制机制，促进城乡经济社会协调发展，也为推动全国深化改革，实现科学发展与和谐发展，发挥示范和带动作用。本课题以成渝统筹城乡综合配套改革试验区作为实证研究对象，由于该区域的实践经验比较成熟且在全国具有典型性，选取该试验区具有典型性的C、D两市进行跟踪调查研究，同时将研究范围拓展至具有共性的全国农村，这样便可用“解剖麻雀”的方式从中抽象出具有共性的东西。“一滴水里可以看到一个大海”，这些共性的理论和制度在实践中的运行情况可以为我国西部地区乃至全国乡村振兴提供理论和制度参照。本课题出于提供制度参考的需要，还采用了规范分析的方法，通过对现行法律制度和政策的分析，形成共识性的话语系统，实现了理论与制度之间的相互转接。

（二）主要内容

基于以上思路，本课题共分为十个部分展开论述。导论部分，首先对土地制度、土地所有制、土地所有权、土地利用制度等内涵和关系进行了梳理，进而从历史的视角提出农村社会管理制度建立在相应的土地利用制度基础上，土地利用制度与农村社会管理制度的适应程度决定着社会稳定和国家的盛衰转换状况。在此假设下，我们发现乡村振兴条件下，土地社会主义公有制仍然是不可动摇的基础，土地利用却发生了巨大变化，一系列改革举措实际上已改变了土地利用制度，以村民自治为基础的农村社会管理模式的理念和制度有很大创新。因此，对土地利用制度和社会管理的双向互动提供理论解释是本课题核心问题和理论主线。然后，我们根据研究主旨展开文献综述，确立了本课题的理论基础，并将“身份—土地—治理”分析框架作为本课题展开的基础。在此框架下，课题选择了相应的研究方法，并形成了八章层层递进的研究内容。

第一章，土地利用制度与差序格局下的农村社会管理，包括三个部分，土地利用制度与农村社会结构差序化，土地集体所有权制度与城乡融合发展的路径，土地利用制度变化与村民自治的滥觞，本章主要从理论上论述农村社会结构变化的关系，为全文的展开建立分析框架和理论基础。

第二章，土地利用制度的变迁与社会治理模式的耦合，本章从五个部分展开，进一步论述土地利用制度变迁和社会治理模式之间的关系，即我国土地制度结构的变迁逻辑，政社经合一农村社会管理制度催生土地集体利用制度，家庭联产承包经营责任制与村民自治的因应，乡村社会治理模式转变与农村土地利用制度的检讨，现行土地利用制度下的农村社会管理困境。

第三章，土地利用利益冲突与平衡的社会治理机制，本章分四个部分，土地利用制度变迁中的行动者及其法律关系，我国农村土地利用法律关系中的利益结构，权利人与利益相关者间利益冲突及其社会治理困境，权利人与利益相关者利益平衡的社会治理机制。主要从权利人和利益结构的分析入手，去观察土地利用制度变迁对社会治理结构的影响。

第四章，农村社会有效治理的土地利用机制，本章主要针对成渝统筹城乡综合配套改革试点区域进行实证调查研究，共分为四个部分，包括调研基本问题，调查范围和方法，基本情况，小结，目的是从实证研究发现农村社会有效治理所需的土地利用机制，以及土地利用形式对农村社会治理情况产生的影响。

第五章，域外土地利用制度的社会治理逻辑，分为三节，土地利用制度变化中的社会治理机制，社会有效治理与土地利用制度选择，土地有效利用与社会有效治理相容的制度要素，本章主要是在前面理论的基础上去寻找国外的土地利用制度如何融入社会治理中去的路径。

第六章，社会治理机制构建中的土地利用制度要素，即社会权力结构的调整，农村土地权利体系的演变，集体所有土地中的国家特殊权利，主要是为农村社会治理制度对当前土地利用变化的回应包含的制度要素进行分析，对在乡村振兴背景下农村社会治理应当如何回应土地利用制度变化具有重要的奠基作用。

第七章，社会治理视角下农村土地权利主体制度，本章共分为四节，“三权分置”下的权利结构，农村集体的法律地位，农民作为独立经济主体的法律地位虚化，农村土地主体制度的社会治理缺陷，主要从农村社会管理现代化的角度，研究如何确立农村土地的权利主体，这既是社会有效治理的基础，也是农村土地有效利用的基础。

第八章，乡村振兴背景下农村社会管理的制度优化，本章共分为五节，农村社会管理制度调适的要素及其问题，重构农村社会管理主体制度的集体经济组织法律地位，重构农村社会管理主体制度中的农民法律主体地位，构建农村社会治理体系现代化下的土地国家所有权制度，构建农村社会治理现代化的制度体系。这一章主要是在全面研究的基础上提出具体的如何回应土地利用并建立适应乡村治理现代化的制度体系，期冀为理论和实践提供参考。最后还有一个结论，主要是对本课题中心的思想和基本的观点进行了概括。

四、研究意义与创新点

本课题具有重要的理论意义和社会价值。随着乡村振兴战略的大力推进,城市化、城镇化不断加快,农村主体的界限模糊、职能重叠、土地利用制度滞后和农民权益保障缺失等问题越来越影响社会治理现代化和乡村振兴战略的实现。我国的农村土地集体所有制延续了几十年,对解决全面实现温饱和促进工业化、城市化发展起到了巨大作用,但随着市场经济的发展,要素市场的自由配置成为提升经济效益和优化社会治理的内生动力,家庭联产承包经营责任制的土地利用制度阻碍了农村各要素在市场上的流通,拉大了城乡差距,已不能完全适应全面开放状态下的农村社会发展和治理需要。在农村集体土地所有制下的家庭联产承包经营责任制受到空前挑战的同时,自20世纪80年代建立起来的村民自治社会管理制度也再次被卷入这对矛盾的漩涡中,并演变成诸多社会矛盾的焦点。本课题基于我国土地利用制度变化的现实,对乡村振兴背景下的农村社会治理展开研究,力求为土地利用制度和社会治理的相关性理论提供理论增量,并为乡村振兴下的土地利用变革和社会治理制度革新提供理论和制度参考。

本课题的创新点主要有以下几个方面:首先,从城市化、农村主体、土地所有制三者的结合部入手,分析我国土地二元所有制结构下土地利用制度的变化及其存在的问题,并由此观察农村社会管理面临的问题。其次,以土地利用制度为观察点,分析农村社会各方利益主体的关系和结构,找寻农民独立主体地位分离与重塑的路径。最后,以我国现行土地所有制为约束条件,以“三权分置”中的权利人及利益相关者的关系作为研究对象,提出了现有土地利用制度存在的问题及其对农民主体地位的影响,以及由此对乡村治理产生的影响,并提出实化农民独立的经济主体地位和“土地国有化”作为破解乡村振兴社会治理难题的两条路径。

五、相关解释

(一)城市化与城镇化

从农村土地利用和人口流动的视角看,城镇化和城市化没有本质的区别,在相关理论研究中不加区别,根据相关时代特征在农村社会公共生活组织模式中作相应运用。

(二)农村社会管理与乡村治理

自从以国家作为人类组织形式以来,人类社会公共生活组织模式经历了统治、管制、管理、治理四个阶段的变化,随着 20 世纪 80 年代以西方兴起的地方政府治理运动为标志,人类公共生活进入新时代,社会治理逐渐成为法治社会对人类公共生活组织的基本模式。随着我国法治建设不断深入和城市化的不断发展,农村社会组织模式也由农村社会管理转向了新时代的乡村社会治理,农村社会管理更强调政府在农村社会公共生活组织中的主导作用,实行的是土地集体所有制下的农民家庭联产承包经营责任制,将承包权与经营权捆在一起作为家庭的责任。农村社会管理是政府组织家庭的方式,村民委员会与集体经济组织基本合为一体,农民独立的主体经济地位缺失,这种模式在市场经济不发达,人口流动较小的环境下可以发挥家庭作为社会单元的组织力,有效推动了我国农村从长期管制的社会环境中解放出来,解放了生产力,解决了 13 多亿人口的温饱问题。但是,随着社会主要矛盾已转化为人民日益增长的美好生活需要和不平衡不充分的发展之间的矛盾,市场经济体制不断深入,城市化不断加速,全面依法治国不断推进,农村社会管理模式已不适应新时代农村公共生活组织需要。

在既定的农村土地集体所有制下，土地所有权和承包经营权已发展成“三权分置”的土地利用制度，乡村振兴和城乡一体化已成为农村发展方向和治理路径，乡村治理体系现代化建立在农民主体地位和农民参与为主导的基础上。因此，在乡村振兴背景下我们提出了乡村治理的概念。由于本课题所涉及的农村社会组织模式具有纵向历史性，农村社会管理和乡村治理将根据特定时代场景同时使用，但所形成的规律性判断更符合本课题的主旨。

（三）土地制度、土地所有制、土地所有权、土地利用制度与土地管理制度

如前文所述，广义土地制度指包括土地所有制度、土地利用制度、土地规划制度、土地保护制度、土地征用制度、土地税收制度和土地管理制度等一切土地问题的制度；狭义土地制度是指土地所有制、土地利用制和土地管理制度。土地所有制在法律上的集中表现就是土地所有权，并在法律上确定为物权；土地利用制度也叫土地使用制度，它相对于土地所有权制度而言，是人们利用土地的程序、手段、方式的规定，涉及土地所有者与土地利用者之间的关系，涉及双方的权利、义务以及国家对土地利用的管理，其目标是保证土地资源的有效使用。每一种土地所有制都存在相应的土地利用制及其具体表现形式。土地管理制度是指国家对全国（或某一区域）的土地权属、地籍、土地利用、土地市场和土地税费等在宏观上进行管理、监督和调控的制度、机构和手段的总称，是实现其他土地制度的保障。可见，土地制度之下处于决定地位的是土地所有制，它由国家性质决定，具有很强的稳定性。土地所有权由宪法法律规定，具有一定稳定性，决定着社会权利结构和与之相关的治理方式。土地利用制度权力行使方式受政策影响，稳定性较差，与农村社会权力结构和公共生活组织方式直接相关，但由于农村

社会公共生活组织方式具有更强的制度性路径依赖,而容易发生断裂,从而导致农村政策调整。因此,本书将以农村公共生活组织模式关系最密切的土地所有制作为恒量,土地所有权和土地利用制度作为变量,探索乡村振兴社会治理现代化的制度路径,所以,这三要素根据课题逻辑在相应的地方予以使用。

(四)土地利用形式

本课题中所指的土地利用形式包含三个部分:第一,土地用途的转化,如耕地转化为建设用地;第二,土地利用法律形式的转化,如土地的利用是通过买卖还是租赁的形式来实现;第三,土地利用权行使方式,如“三权分置”形式。

(五)土地利用的制度逻辑

宏观上,制度逻辑指的是某一领域的制度安排和相应行动机制,①主要表现为制度的产生、运行和行为方式;中观上,指的是具体制度的价值取向、构成和逻辑结构;微观上,指的是具体制度规范中主体、权利内容以及法律关系形成的逻辑结构。本课题以城市化进程中的乡村振兴为背景,结合国内外土地利用形式的差异,拟从中观和微观的分析角度探讨城镇化进程中土地利用的制度逻辑。

总之,基于以上五点说明,本课题将根据需要,按照理论展开的逻辑,相应地使用土地制度、土地所有制、土地所有权、土地利用制度、农村社会管理、乡村治理等概念,下文对上述概念的使用将不再赘述。

① 参见周雪光、艾云:《多重逻辑下的制度变迁:一个分析框架》,载《中国社会科学》2010 年第 4 期。

第一章　土地利用制度与差序格局下的农村社会管理

当前，我国改革已进入深水区，如何来打破城乡的二元社会结构，实现社会的均衡均质发展和乡村有效治理，已成为乡村振兴重大课题。如何推进传统的社会结构有效调整以实现乡村振兴和治理现代化同频共振，成为这场变革的核心目标，其关键在于实现土地利用制度与社会治理现代化高度契合。

第一节　土地利用制度与农村社会结构差序化

社会结构是利益在特定社会中的结构性

分布，①透过社会结构的阶层化现象，可以发现当前社会资源和利益集团分布的失衡进一步加剧了社会结构的二元化，形成极少部分人处在社会顶端并拥有较多资源和机会，而大部分人处于社会底层又缺乏资源和机会的现象。有学者提出，我国当前的社会结构是“倒丁字形”社会结构，②在社会的底层存在一个巨大的群体。“倒丁字形”社会结构反映出了我国社会结构的阶层化和社会财富分配的不均。当社会结构的分层达到一定程度就会产生阶层之间的矛盾和社会群体之间的冲突，造成社会结构紧张。社会结构的紧张和群体之间的利益冲突又会给社会管理和社会秩序带来困扰和挑战，最终就很可能引发一系列群体性事件。以家庭联产承包经营责任制为主要形式的土地利用制度对于我国农村社会结构的影响要远远大于土地制度和土地所有权制度，并对村民自治这一长期适用的农村社会公共生活组织模式带来了实质性的改变，进而在社会关系、人的行为、利益结构、治理要素等方面带来了巨大的影响。既有国内外文献从城市化、土地利用、社会治理及三者相关性入手，把农村土地利用和农村人口在城市化过程中发生变动的现象与农村社会治理的相关性结合起来研究，但没有再进一步把土地利用制度、社会结构和社会治理联系在一起，而费孝通先生提出的“差序格局”为我们解释这场变局提供了理论框架，③我们可

① 参见何子建：《利益、民主政治与社会结构的联结点》，载《社会学研究》1995 年第 1 期。

② 参见李强：《“丁字型”社会结构与“结构紧张”》，载《社会学研究》2005 年第 2 期。

③ 参见费孝通著：《乡土中国　生育制度》，北京大学出版社 1998 年版，第 24 页。虽然，我国农村社会管理到治理的转变过程中，对于治理格局发生影响的不只是差序格局，但在以解决不平衡不充分发展为主要目标的政策和理论取向上，差序格局对于土地利用带来的利益分化和由此可能加剧的社会利益阶层分化应当成为最重要的研究对象。

以获得对于土地利用制度变化引发的社会治理格局变化具有解释力的理论因子。

一、差序格局与城乡二元社会结构的形成

差序格局的核心路径是“身份—利益—社会结构”，在“差序格局”中，人往往最先看重自己的利益，然后再一层层往外扩张。①“差序格局”是以个体为核心的关系网络，但是每个个体的利益都会有差异性，而每个人又都希望他人放弃自己的利益而服从自己的利益，因此就造成了人与人之间的利益冲突和矛盾。② 而“差序格局”的形成并不是一时之现象，而是起源于中国的传统道德。此种以各人利益为重心扩展的社会关系网络，慢慢也就演变成了我国传统的社会结构。③ 通过“差序格局”理论，我们也能够解释当前的许多社会现象，例如，“公报私仇”“假公济私”“徇私舞弊”，其根源都是在社会群体中长期形成的“差序格局”观念所致。相较于费孝通先生写作《乡土中国》一书的年代，④虽然现今中国已经在社会意识形态和政治制度等方面发生巨大变化，但是，“差序格局”依然深刻影响我国的社会关系网络。每个个体是以自身利益最大化为核心来建立自己的关系网，那么利益关系、利益导向相同

---

① 参见齐秀琳、伍骏骞：《身份异质性、差序格局与社会信任》，载《中南财经政法大学学报》2017 年第 2 期。

② 参见马戎：《“差序格局”——中国传统社会结构和中国人行为的解读》，载《社会学研究》2007 年第 2 期。

③ 有学者提出，个人在社会结构中具有核心地位，并提出“政治社会的组织只是人伦关系的逐步扩大，即以个人为中心而一伦一伦地‘推’出去的”。参见余英时著：《从价值系统看中国文化的现代意义》，时报文化出版社 1984 年版，第 22 页。

④ 参见夏玉珍、刘小峰：《费孝通〈乡土中国〉中的“差序格局”概念探讨》，载《中国图书评论》2010 年第 12 期。

的团体就会形成利益群体,不同的利益关系又会形成不同的利益群体,从而也就形成了社会结构。不同的利益团体之间由于需求的差异性,从而难以发生交易,导致利益结构的分隔。而且,在每一个利益团体当中,个体的自身利益最大化是内生性因素。如果个体为了一己之私利,很有可能就会损害团体的利益。当前,城乡土地利用制度与权力结构的分隔产生了不同的利益团体,城乡贫富差距的拉大,社会结构出现阶层化,城乡二元化结构更加严重。在当前农村集体经济组织中,存在产权的不明晰与政企不分,权力与私利错位交易,"代理人风险"等问题。① 在农村集体土地的征收过程中,个别公职人员甚至村委会人员把土地集体所有制作为行使权力的凭据,打着"公共利益"的名号,进行权力寻租,造成土地资源滥用、损害集体利益和农民个体利益受损。以家庭联产承包经营为主要形式的土地利用制度与集体所有制之间产生了冲突。家庭联产承包经营责任制虽然被定为国策再次延期30年,但是,土地利用形式正在变化,如本轮精准扶贫过程中,一些颠覆性的举措正在改变农村的生存环境、土地利用形式和社会治理基础。

我国二元土地所有权制度是我国特有的城乡二元社会结构的制度基础。城乡二元社会结构不断固化遭到了诟病,在此结构之下,农村又因土地所有权制度与土地利用制度的二元结构产生了越来越大的差序格局,造成了农村社会公共生活组织模式从管理转向治理过程中的严重"梗阻"。依据1982年《宪法》的规定,我国实行土地公有制度,分为集体所有和国家所有两种产权制度,即城

① 参见蔡永顺:《代理人困境与国家治理:兼评"风险论"》,载《社会》2017年第3期。

市土地为全民所有，农村土地为集体所有。这个制度在一定程度上明确了产权，通过配以国有土地使用权有偿出让或无偿划拨制度，农村集体土地承包经营制度在相当长的一段时期内确实对我国经济和社会发展产生了激励。一方面，这项制度解决了城市的发展问题，为其提供了低廉的土地资源，保障了城市人口的充分流动性，集合了土地的优势效应；另一方面，这项制度又在农村欠发达的情况下稳定了农村土地结构、分配结构，解决了农民的生存问题。但是，随着城市化的发展和市场经济的逐步完善，严格限制农村土地的使用权和利用形式已经不能完全实现这一制度的初衷了。有学者认为："集体所有制"反而成为歧视农民土地财产权益和限制农村发展的合法理由。① 城乡二元社会结构在土地制度的支撑下逐渐固化了，对城乡社会治理产生了基础性影响。② 当下，国家实施乡村振兴战略，突破口也应该在于土地制度的变革上，随着全面依法治国的深化和农民作为主体参与乡村治理的强化，这也必将引起乡村治理机制的变化。

二、两权分离与差序格局的扩大

农村土地受到的各种制度限制中，农村土地利用制度与土地所有权制度分离导致了土地利用价值二元分化，对于拉大城乡差距影响最大。与城市土地的国有化不同，农村土地法律上为集体所有，但在利用形式和价值收益上却受到了三个方面的限制。一是由于农村

① 参见张千帆：《农村土地集体所有的困惑与消解》，载《法学研究》2012 年第 4 期。

② 参见江必新、王红霞：《论现代社会治理格局——共建共治共享的意蕴、基础与关键》，载《法学杂志》2019 年第 2 期。

集体所有的土地在建设用地用途上受到严格限制,①如果要用于建设,就需要转换为国有土地,或是兴办乡镇企业、为了农村的公益建设,这样对于农民个体来说,土地的利用价值就不如城市土地。二是农村土地资源的转让权受到过多制约,农地的交易成本极高,这也使土地的市场价值较低,农民从土地上获得的收益就低于市民从城市土地上取得的收益。三是虽然土地所有权是农村集体的,但是"集体"却是个抽象的概念,②现实中往往缺位,并被村民委员会取而代之,由此导致村民委员会"代表"了农民集体的利益。农村集体(农民)不能够自由使用所有的土地,但是如果以某种方式从农村集体手中低价获得土地,然后再提高价格卖给第三方,或者再以高价卖回给农民,这无疑是对集体经济和农民利益造成了损害。

虽然《土地管理法》规定,农村土地被征收时应当予以补偿,但是补偿的数额往往低于土地本身的价值。例如,在征收耕地时,失地农民获得补偿金额一般是被征地前 3 年的平均年产值的 6 ~ 10 倍。③从计算方式上来看,似乎农民能够得到较高的赔偿款,但是大多数的农民在土地使用权被征收以后生活不稳定、经济拮据。④ 在

① 《土地管理法》第 43 条规定:"任何单位和个人进行建设,需要使用土地的,必须依法申请使用国有土地;但是,兴办乡镇企业和村民建设住宅经依法批准使用本集体经济组织农民集体所有的土地的,或者乡(镇)村公共设施和公益事业建设经依法批准使用农民集体所有的土地的除外。前款所称依法申请使用的国有土地包括国家所有的土地和国家征收的原属于农民集体所有的土地。"

② 参见刘守英、熊雪锋、龙婷玉:《集体所有制下的农地权利分割与演变》,载《中国人民大学学报》2019 年第 1 期。

③ 《土地管理法》第 47 条规定:"征收土地的,按照被征收土地的原用途给予补偿……在特殊情况下,可以提高征收耕地的土地补偿费和安置补助费的标准。"

④ "调查显示,在受调查的失地农民中,有 60% 左右的人生活更加拮据,只有 30% 左右的人未因征地受到负面影响。"参见王卫国主编:《21 世纪中国民法之展望——海峡两岸民法研讨会论文集》,中国政法大学出版社 2008 年版,第 365 页。

城市化进程中，国有和集体两种不同的产权体系配套了不同的土地利用制度，产生了不同的交易价值。农村土地的价值基本局限于耕种和集体建设用地，城市化则通过廉价的征收程序，把农村土地转化为国有的城市土地并获得巨大的增值，这从制度设计上就造成了城乡二元差异。随着城市化的加快，城乡差距进一步因为土地所有权和利用制度的分离而放大，随着城乡贫富悬殊的扩大，社会差序格局进一步形成，并在不同阶层间出现矛盾，农村土地利用制度改革呼声越来越高。近年来，《宪法》《民法总则》的修改和制定就体现了对于农村土地利用的关注；十九大提出的乡村振兴战略及相关政策的出台也试图赋予农民主体更多的土地利用权，提出了“三权分置”“土地确权”等一系列改革举措。这些政策和法律带来的变化将对原有差序结构产生冲击，也将引起社会治理方式的变革。

随着城乡差距不断扩大，差序社会结构带来了治理难题。要实现基层治理现代化就必须解决乡村治理这块“短板”，就必须破除差序格局造成的城乡二元分化体制。国家通过颁布《物权法》确定土地制度，通过中央制定文件稳定家庭联产承包经营责任制，通过免除农业税、实行分税制和营改增等一系列改革，但是，由于土地所有权制度的二元化和土地利用制度的分离，构成了社会利益分割等基础性制度，通过外在变量是难以改变城乡二元社会结构的。一方面，在城市化不断加快的时期，一系列原本用于破解城乡二元化难题的改革举措反而导致了地方政府的事权与财权不匹配，地方政府为了保障财政充裕和城镇化建设，以“公共利益”的名义从农村大量征收土地。土地出让金成为地方政府进行城镇化建设的主要资金来源,①但是,土地征收金却并未提升农民的生活质量,部分农民反而在失去土地后陷入生活困难。另一方面,快速城市化的土地需求导致利益错配的制度安排。由于我国法律对农村集体所有土地使用权的严格限制,农村集体土地如果要被用于建设用地就需要国有化。② 这里的逻辑是:城镇化建设需要农村土地转为建设用地的用途,而农村集体所有的土地必须国有化才能用于建设,那么为了城镇化地方政府就必须征收土地。由于法律对农村土地使用权等方面的诸多限制,城镇化在一些地方就被误解为粗放型征地。由于公权力并没有得到较好地限制,容易出现权力滥用和侵害农民集体利益的情况,对失地农民的补偿金额远远低于农民土地应享有的土地收益。③ 农村集体土地的利益失衡配置使农民权益很难得到公平保障,如何改变土地利用与社会治理结构成为新时代推进乡村治理现代化的最大难题。

三、差序格局下农村集体经济法律关系的失范

(一)农村集体经济组织法律地位模糊

我国法律未对"农村集体经济组织"的性质和组织形式予以明确规定,根据调查数据,当前大部分农村集体经济组织与村民委员

---

① 据统计,自2001年至2009年,全国土地出让收入占地方财政的比重从16.6%上升到48.8%,2006年之后甚至一度超过了50%。参见黄小虎:《"土地财政"出路何在?》,载搜狐财经:http://business.sohu.com/20100906/n274739631.shtml,2013年5月4日访问。

② 《土地管理法》第43条规定,任何单位和个人进行建设,需要使用土地的,必须依法申请使用国有土地……包括国家所有的土地和国家征收的原属于农民集体所有的土地。参见党国英:《土地制度对农民的剥夺》,载《中国改革》2005年第7期。

③ 参见党国英:《土地制度对农民的剥夺》,载《中国改革》2005年第7期。

会合二为一,缺乏应有的独立性,①以农村集体经济组织名义出现的,仍以合作社的组织形式存在。传统合作社组织形式的成立依据是计划经济时期模糊的行政管理规定,合作社将资源产权集中管理的方式,将生产要素统一管理,限制了要素的流通,与当前的市场经济体制并不匹配,并不利于中国农村经济的增长。农村集体经济组织的资产主要由村民委员会负责管理和处分,但是村民委员会在法律上的地位是村民自治组织,并不是集体经济组织的意思机关或集体经济利益代表,因此,在集体经济组织发展中长期缺乏完整的治理机制,并以民意的方式进行政治化管理,严重制约了其发展,也制约了村民委员会主导乡村治理的水平提升。尽管,一些农村地区建立村民代表大会、村民议事会和股东代表大会等一些民意表决机构,拓宽农民的意思表达途径,但是,这种一套人马几块牌子的做法仍然是“换汤不换药”,社会治理和经济治理搅在一起,既加剧了差序格局固化,又进一步模糊了集体经济组织的权利义务,为自治主体寻租和农民“搭便车”偷懒都创造了机会,最终导致农民个体和集体利益的诉求同时落空。农村集体经济组织的管理失范,出现了特殊的“政企合一”现象,村民委员会取代农民群体成为农村集体资产和资源的支配者和权利人,政企不分为权力者牟取私利提供了方便之门。正因如此,目前绝大多数农村集体经济组织陷入了经营困境,即便是建立在自助合作基础上的专业合作社也很少得到农民群众的支持,参与积极性极低。②

---

① 参见陈小君、高飞、耿卓:《我国农村集体经济有效实现法律制度的实证考察——来自12个省的调研报告》,载《法商研究》2012年第6期。

② 课题组在某市白果村调研中发现农民基本都不愿意加入合作社,成立的合作社也基本没有实际运作。

(二)农民主体地位虚化

由于法律制度的缺位和集体组织成员的流动性加大,集体经济组织产权制度和组织形式模糊化,导致作为集体经济组织成员的农民的经济主体地位虚化。从实践中来看,某村集体经济组织的成员一定是某村村民,而某村村民不一定是该村集体经济组织的成员。现今认定集体经济组织的成员资格,更多是依赖组织内部成员达成的共识,并没有正式的制度。例如,当外来人口嫁到本村时,一般由村民大会通过民主的方式进行表决,达到三分之二以上的就可以将其认定为集体经济组织的成员,而有的村是由村民代表大会过半数通过即可,还有由村民委员会授予荣誉村民资格的。各种情形不一而足,何种情况下能够获得村民资格,村民资格是不是就是集体经济组织的成员等问题由于缺乏正式制度而模糊不清,这些认定方式导致村民在集体经济组内的主体地位得不到法律保障而虚化。法律规定,农民在集体经济组织内享有成员权,并享有投票、监督以及收益等权利,农民的意思表达机制一般是通过村民代表大会、村民议事会等机制传递,由村民推选的代表进行意思传达。但是,由于经济权利、政治权利和社会权利界限模糊,甚至完全重合,村民议事会、村民代表大会以及村民委员会之间的行权界限模糊,农民的意思表达途径不畅,主体地位因"被代表"行使而虚化,集体经济组织治理结构严重失范,村民自治也因角色的混同而虚化弱化。因此,要振兴乡村和实现治理现代化,就必须要重塑主体、重整治理,这就要实化农民的主体地位,明确集体经济组织的法律地位。

(三)农村人口流动与农民身份固化的治理冲突

如上所述,人口红利和家庭联产承包经营责任制为农村大量廉价劳动力进入城市、农民转换为产业工人提供了制度基础,农村集体土地所有制方便了城市化的土地需求，但同时也带来了治理难题。一方面，农民工进城导致大量"空心村"出现。课题组在调研过程中发现，原来两三百人的村庄，现在只有二三十个六十岁以上老人坚守的现象比比皆是。当前正在实施精准扶贫，而这些老人成为扶贫对象和治理现代化的参与者，这种状况令人担忧的是，这批老人去世以后乡村该怎么办？他们后代大多已经进城务工，对农业和农村已没有兴趣，在市场发挥资源配置决定性作用的法治社会，不可能采用强制手段把农民送回农村，而是需要促进乡村市场机制的培养和发展，形成资金和人才回流，并围绕市场机制构建相应的治理机制。然而，从目前乡村振兴、精准扶贫、乡村治理一系列实践看，政府主导、社会参与的模式受到了高度重视，取得了明显成效，但由于缺乏市场机制、内生动力以及人才要素，各界对如何构建长效脱贫机制和乡村振兴战略机制仍然存在普遍忧虑。另一方面，农民进城后普遍缺乏归属感，社会治理参与激励不足。

（四）双重治理困境的出路：农民市民化

近十年来，我国的城市化进程非常之快，但社会保障制度仍然主要向城市居民开放，农民市民化存在较多障碍，那些进城的农民身份属性仍未因此改变。① 农村劳动力流入城市，但农村家庭没有随之迁入城市，此种劳动力流动模式把工业化的成本转移到农村之中，加快了城市的经济发展速度，②但与此同时也造成农村劳动

① 本课题有关农民市民化的论述参考吸收了课题组成员前期部分研究成果，参见宋芮（导师：唐清利；朱悦蘅）：《新型城镇化中农民市民化困境及其对策探究》，西南财经大学2014年硕士学位论文。

② 2007年我国城镇人口比重仍低于50%。从2011年开始，我国城镇人口比重突破50%，至2016年城镇人口比重达到57.4%。10年间，我国城镇人口增加了1.87亿人。

力转移与城市化的脱节，并带来一系列经济社会问题。[①] 因此，在既有的城乡二元结构难以在短时期内被打破的情况下，急需构建社会保障制度实现农民市民化，由此为“三权分置”的真正实施提供制度基础。只有在联产承包经营责任制从自给自足的初始制度设计转变为自由交易的市场化制度以后，农村生产要素才能真正盘活，农村市场化机制才能真正建立。市场化是法治化的基础，城市的市场化经验表明，法治意识和法治环境都是随着市场的完善和契约精神的增长而发展的，唯其如此，人力才能转变为人才，户籍制度才能转变为居住制度，社会治理才能实现法治化和民主化。我国户籍制度与教育、就业还是医疗资源都捆绑在一起的原因并不完全在于人口众多，资源稀缺，更多是因为分配不均和流动受限。调查显示，2011 年外出农民工在养老保险、医疗保险以及失业保险等方面的受保比例都较低。[②] 如此，既带来了农村治理难题，也带来了城市治理难题。因此，城市化已成为促进中国经济发展的主要动力，在数以亿计的农村人口需要转变为城镇居民的情况下，必须实现农民身份属性向市民的转变，建立全覆盖社会保障体系，方能从源头上解决土地利用制度变化和人口流动带来的双重治理困境。

---

① 参见张红宇：《城镇化进程中农村劳动力转移：战略抉择和政策思路》，载《中国农村经济》2011 年第 6 期。

② 参见辜胜阻、杨威：《反思当前城镇化发展中的五种偏向》，载《中国人口科学》2012 年第 3 期。

第二节　土地集体所有权制度与城乡融合发展的路径

为消解社会结构二元化的格局，实现城乡一体化，党的十九大提出乡村振兴战略，并把城乡融合发展作为重要的振兴之路。可是，自1978年我国确立的城镇化发展战略并没有解决社会结构二元化的问题，甚至出现了土地流失、农村治理薄弱等问题。既定特性的人们在既有的规则约束下追求自己利益的结果就呈现为社会现状，不改变既有的约束条件，再次博弈还是有可能呈现出相同的社会现状，所以只有改变已有的约束条件，才能真正打破当前的社会结构和利益分配机制。这就需要破除土地制度二元化、土地所有权制度与土地利用制度二元化、集体经济组织与村民自治组织同质化和农民主体虚化等一系列约束条件，方能从源头上解决乡村振兴和治理的痼疾。

一、土地集体所有权制度下的利益均衡与变革

我国当前的土地所有权制度是二元结构，基本格局是城市土地国家所有，农村土地主要是集体所有。① 宪法的这一规定是为了更好地保护农民集体的利益和农村土地。但是随着城市化的发展，农村土地的集体所有制却未能真正发挥应有的作用，甚至成为

① 参见1982年《宪法》第10条规定："城市的土地属于国家所有。农村和城市郊区的土地，除由法律规定属于国家所有的以外，属于集体所有；宅基地和自留地、自留山，也属于集体所有……一切使用土地的组织和个人必须合理地利用土地。"

某些群体“致富”的途径。① 一方面，农民集体虽然对农村土地拥有所有权，却由于“集体”概念模糊，往往不能获得更多的收益。② 反观城市土地的国有化，虽然市民不拥有城市土地的所有权，但具有相对自由的支配权，比如，城市居民遇到拆迁，一般能够获得一笔较高数额的补偿金，而农民在集体土地被征收征用后，往往得到标准很低的一笔补偿金，而且还不一定能转为市民获得购买社会保险的资格。这在城乡居民的利益分配和制度设计上形成了不平等保护的事实，农民不能自主地从土地增值中获得与城市居民相同的收益，并因为集体的所有而丧失了相应的剩余权利。另一方面，由于农村人口流动进城务工，农村严重缺乏劳动力，又缺乏市场和资金支持，出现了大量土地被滥用、撂荒等现象，如何更好地保护农民的切身利益已成为一道改革必须解决的难题。不可否认，农村土地集体所有权制度曾经为我国顺利的推进改革开放和解放农村生产力提供了十分巨大的原动力，作出了极其重大的贡献，因而被写入宪法，并得以长期坚持。可是，随着改革的深化、社会生产力的变化和社会经济环境的变化，以及法治建设的深入带来的权利意识和制度规范化程度的提高，建立在二元所有制前提下的农村土地集体所有权模式已逐渐地与农业现代化和社会法治化产生不协调。这一制度结构已经到了需要改革的时候了。

---

① 有学者指出：“土地征收补偿款的分配格局是政府占60%～70%，村级组织占25%～30%，农民仅占5%～10%。”参见陈明著：《农地产权制度创新与农民土地财产权利保护》，湖北人民出版社2006年版，第147页。

② “农村土地显然不能被解释为空洞的‘集体’所有，进而实际上蜕变为‘村民委员会所有’，而应该被解释为最终由农民个体享有的财产权利。但是在现实操作中，‘集体’的概念已经被异化。”参见张千帆：《农村土地集体所有的困惑与消解》，载《法学研究》2012年第4期。

二、农村集体经济组织与农民的主体地位的混同与分离

如上所述，农村集体所有中的“集体”在概念上比较空洞和指向不明确，这造成集体产权也是一个模糊概念，甚至与人格结合在一起的所有权主体的法律定义相冲突，因而无论在法律地位和所有权的实现形式都界定得不清楚，现实中获得的法律支持也不够。调查数据显示，只有26.4%的受访农民认为农村中的集体经济组织是独立的，①这表明农村集体经济组织严重缺乏独立性。大多数农村集体经济组织由村民委员会进行管理，从而在中国最基础的政治组织和微观经济组织的结合部出现了政企不分的现象。这妨碍了市场经济在农村的深入发展，农村集体经济的发展不能有效实现，城乡贫富差距进一步被拉大。② 农民虽然是集体经济组织的成员，却不能有效地行使成员权，对相关收益的处分权行使有限，却成了农村集体经济组织亏损时的责任主体。③ 除此之外，农村集体经济组织的模糊地位还带来了三个方面的社会治理问题。第一，集体经济组织的法律地位不明确。长期以来法律并未明确集体经济组织的性质是自然人、法人还是非法人团体。这导致了法律适用上的基础性障碍，法院不受理很多涉及集体经济组织的纠纷。对仅承担矫正正义的法院来说，这也是一个无奈的选择。

---

① 参见陈小君、高飞、耿卓：《我国农村集体经济有效实现法律制度的实证考察——来自12个省的调研报告》，载《法商研究》2012年第6期。

② “改革开放30年，城镇居民人均可支配收入总体保持了较快的增长，而农村居民人均纯收入则增长相对缓慢，农村居民与城镇居民的收入比总体处于不断下滑的趋势。”参见马晓河、胡拥军：《中国城镇化进程、面临问题及其总体布局》，载《改革》2010年第10期。

③ 参见孔有利、王荣：《农村集体经济组织产权结构分析》，载《财经问题研究》2004年第4期。

2017年10月1日实施的《民法总则》第96条规定农村集体经济组织法人为特别法人。这一立法上的变化,对于农村集体经济组织的权利登记、经济发展,以及提升农村社会治理具有极其重要的意义。但在实践操作中,集体经济组织作为特别法人的运行效果尚有待观察。第二,农村集体经济组织的所有者权利行使方式缺乏法律规范,缺乏相应的行为约束和激励机制以发展壮大集体经济和保护农民利益。在很多地方,村民委员会行使集体经济组织的权力。但是,在法律上定义为基层自治组织的村民委员会,它的主要职能是农村基层的社会治理,本身不负有经济职能。这种局面往往导致"三个和尚没水喝"①的推诿现象,经济职能很容易被政治需求掩盖,出现贪腐和权力寻租行为。第三,农村集体与集体经济组织成员、村民不是同位概念,缺乏相应的法律规范,特别是当多数人侵害少数人的财产权时,应该以集体组织为被告,还是以多数为被告,集体经济组织的意思机关是由所有的村民构成,还是由所有的集体经济组织成员构成,还是由村民委员会构成,这些问题成为化解矛盾纠纷的困扰。特别是当村民和农村集体经济组织成员意见不一致时,应当如何行使权利?争议由谁裁决?这些问题要得到合理的答案,都必须从依法优化治理的视角对集体经济组织和农民之间的法律关系和利益关系作出回答。

① "三个和尚没水喝"是典型的机会主义引起的搭便车行为。参见[美]曼瑟尔·奥尔森著:《集体行动的逻辑》,陈郁、郭宇峰、李崇新译,上海三联书店、上海人民出版社1995年版,第68页。

第三节　土地利用制度变化与村民自治的滥觞

一、家庭联产承包经营责任制与村民自治的变化

如前所述，新中国成立以来确立了社会主义发展道路，农村土地集体所有制成为我国公有经济制度的重要组成部分，现行的家庭联产承包经营责任制是改革开放以来农村社会公共生活组织模式采用与政府主导的社会管理相适应的土地利用制度。[①] 国家建立了与家庭联产承包经营责任制相适应的村民自治制度，以寻求在“耕者有其田”与国家对基层的有效组织之间的平衡。这种制度安排推动了中国改革开放和社会主义建设事业的伟大进步，并在《宪法》《物权法》《土地管理法》《村民委员会组织法》等一系列法律中得到确定。这一制度肇端于改革开放初期中国属于典型的农业社会，深受计划经济体制的影响，土地承包经营非常适合改革之初的小农经济模式，只要耕者种其田得其食，就能凝聚民心和产生激励。家庭联产承包经营责任制成为推动中国发生巨变的最关键制度，而村民自治则成为政府管理农村社会的延伸之手，两者互相配合，适应了改革开放以来的社会发展需要。一方面以家庭形式构建了人民公社取消后基层社会的细胞赖以生存的资源配置机制和分工机制，使人和地能够在“家长”负责分工的自主模式下分离出去进城务工，解决了城市化和工业化劳动力问题；另一方面联产承包制度确立了集体土地所有制和村民自治的组织基础，并为城

① 参见高圣平：《农地三权分置视野下土地承包权的重构》，载《法学家》2017年第5期。

市化对土地需求的扩张和市场化交易模式的发展提供了方便，1978年以来城镇化获得了快速发展；①再一方面，虽然没有通过设置行政村的方式对社会进行管理以解放农村生产力、支持城市发展为目标为导向的农村社会公共生活方面的变革，但是，依然通过把计划生育、农业税、提留征收等行政权委托给村民委员会，并允许村民委员会行使较大的集体土地所有权，对承包经营地进行限制和调整，从而实现了较长时期对于农村社会的有效管理。在市场经济和城市化不充分的较长一段时期，社会结构相对稳定，即便农民外出务工不一定离开承包经营地，因此，家庭联产承包经营责任制与村民自治实现了良好的适应性，极大地推进了社会经济发展。

然而，随着市场经济和法治建设的不断发展，社会结构发生了前所未有的变化。农民产权主体地位逐渐脱离了集体经济组织的产权保护，农村社会由政府主导的单一结构演化为农民主体的多元结构，集体利益与个体利益之间出现了并存与冲突的局面，原来以农村社会管理为取向的村民自治模式逐渐由强调政府主导转变为政府引导农民主体参与。② 土地利用制度的不断变化和相对稳定的土地所有权制度发生了冲突，农民个体利益要制约集体利益，村民要参与集体决策，以农民为主体的乡村治理实践与诞生于政府主导的村民自治模式发生了冲突。当下，农村人口的结构和对乡村社会治理机制，农村人口流动性不断增强，由管制农民进城到允许农民进

---

① 数据来源：根据中国社科院发布的《2012中国中小城市绿皮书》，2000年～2011年，中国城镇化率由36.2%提高至51.3%，另根据国家统计局局长马建堂的介绍，2012年的城镇化率比2011年还高了1.3%。联合国曾预测，世界城镇化率到2020年大概是54.9%。对比两组数据，可以发现中国城镇化速度是不慢的，甚至超前。

② 参见刘合光：《激活参与主体积极性，大力实施乡村振兴战略》，载《农业经济问题》2018年第1期。

城再到鼓励农民进城，农村已成为60岁以上老人和15岁以下儿童的留守地，乡村振兴和治理正在遭遇“人口陷阱”。如何提升乡村自治能力把乡村社会公共生活组织起来成为新的难题，这也是农村社会管理和土地利用制度在新时期同时面临的变革困境。

二、土地利用制度与乡村治理现代化的同构路径

在中国解决一切问题的关键在人，解决乡村振兴的关键也在人，但历史和社会经济发展的趋势表明，在法治和开放的社会已不可能采取强制手段让农民回到乡村，也不可能限制村民迁徙自由，振兴的重任也基本不可能由已经达到休养年龄的老人和未成年的儿童去实现，要解决关键问题的核心又回到对人有重要影响的制度身上。家庭联产承包经营责任制作为土地利用制度的基本方式已难以满足农业现代化、产业化和市场化的需要。中央决策层和理论界敏锐地注意到了这一问题，提出以“三权分置”作为土地利用制度变革的方向，并提出要构建以党的领导为核心，“自治、法治、德治”相融合的乡村治理体系，并以此作为实现乡村振兴和社会治理现代化的路径。实践中，决策层已经意识到土地利用制度与乡村治理之间的相关性，并制定了一系列相互关联的制度以增进彼此适应性，由此形成乡村振兴和乡村治理现代化同步推进的格局。2017年12月，中央农村工作会议提出加快推进乡村治理体系和治理能力现代化，加快推进农业农村现代化。① 2018年1月2

① 此次中央农村工作会议明确提出，按照产业兴旺、生态宜居、乡风文明、治理有效、生活富裕的总要求，建立健全城乡融合发展体制机制和政策体系，统筹推进农村经济建设、政治建设、文化建设、社会建设、生态文明建设和党的建设，加快推进乡村治理体系和治理能力现代化，加快推进农业农村现代化。参见《人民日报》2017年12月30日，第1版。

日，中共中央、国务院印发了《关于实施乡村振兴战略的意见》，用正式文件把土地利用制度变革和乡村治理现代化之间的协同推进固定下来，①并提出了城乡融合发展的路径和乡村全面振兴的战略目标。党的十九大明确提出了乡村振兴战略，并要求更加重视农民主体地位和法治体系建设。这些制度安排是否真正有效？乡村基层社会治理体系和治理能力能否突破人的约束实现现代化？这就需要从人赖以生存的土地和社会结构展开理解才能回答这些问题，以找寻土地利用制度变化和乡村社会治理之间的关系与规律。

① 落实农村土地承包关系稳定并长久不变政策，衔接落实好第二轮土地承包到期后再延长30年的政策，让农民吃上长效"定心丸"。全面完成土地承包经营权确权登记颁证工作，实现承包土地信息联通共享。完善农村承包地"三权分置"制度。系统总结农村土地征收、集体经营性建设用地入市、宅基地制度改革试点经验，逐步扩大试点，对《土地管理法》进行修改，完善农村土地利用管理政策体系。扎实推进房地一体的农村集体建设用地和宅基地使用权确权登记颁证。完善农民闲置宅基地和闲置农房政策，探索宅基地所有权、资格权、使用权"三权分置"，落实宅基地集体所有权，保障宅基地农户资格权和农民房屋财产权，适度放活宅基地和农民房屋使用权，不得违规违法买卖宅基地，严格实行土地用途管制，严格禁止下乡利用农村宅基地建设别墅大院和私人会馆。在符合土地利用总体规划前提下，允许县级政府通过村土地利用规划，调整优化村庄用地布局，有效利用农村零星分散的存量建设用地；预留部分规划建设用地指标用于单独选址的农业设施和休闲旅游设施等建设。对利用收储农村闲置建设用地发展农村新产业新业态的，给予新增建设用地指标奖励。

第二章　土地利用制度的变迁与社会治理模式的耦合

由上可知，我国的土地制度决定了农村差序格局的存在，而农村差序格局与采取的社会管理模式紧密相关。随着城市化、市场化、法治化的发展，土地利用制度从土地所有权制度当中分离出来，家庭联产承包经营责任制正在经历“三权分置”的改造，与此相关的村民自治也逐渐加入了法治、德治和党的领导，土地利用制度与土地所有权制度直接影响社会治理机制，准确把握其发展方向对于乡村振兴和乡村治理现代化具有极其重要的作用。

第一节　我国土地制度结构的变迁逻辑

1949年以来,我国农村土地制度经历了多次大的变迁。在不同发展阶段,我国农村社会管理模式受制于农村土地利用制度的变迁,先后经历了“从社会管制,到社会管理,再到社会治理”三个阶段的变化。随着不同历史时期立法活动的变化,我国农村土地权属制度经历了由“农民有限的土地私有”到“土地国家所有”,再到“完全的集体所有”的演进过程。总体而言,我国农村土地利用制度的变迁可以概括为三个历史阶段:从解放初期到土地改革兴起,形成了“农民所有、农民利用”的土地权属制度;通过人民公社运动进入农业合作化阶段,“国家所有、集体利用”的土地权属制度确立起来;土地承包经营制在改革开放后建立,农村土地权属制度演变为“集体所有、农民利用”模式。① 在这一权属制度变化、更替的过程中,始终不能规避公有制作为我国基本制度的影响。因此,三个阶段的每次权利制度变革都倾向于由更加团体化、公共化的权利主体来行使权利。由于影响制度设计的因素复杂多变,由国家主导进行农村土地国有化,切实保障农民权利和增加土地利用价值的美好愿景一再落空。现有农村土地权属制度依附于城乡二元结构的制度设计,其所导致的农村土地流转不畅、农民权利缺失将是我国现阶段农村土地权属制度不得不面对的问题。在二元土地所有制结构下,农村土地为集体所有,但同时国家又对农村土地

① 参见王利明、周友军:《论我国农村土地权利制度的完善》,载《中国法学》2012年第1期。

的利用进行了诸多限制,土地的流转问题成为制约农村土地有效利用的主要障碍。由政府和基层组织主导的土地承包经营权的流转和农村集体建设用地开发的制度安排既不利于保护农民财产权益,也不利于实现集体土地有效利用。其根本原因还是在于既有制度安排中权利主体身份模糊,农村土地利用中的权利人与利益相关者间的利益博弈产生了大量矛盾。从这个角度看,如何平衡权利人与利益相关者间的利益冲突就成为农村社会治理的重要问题。

总体上,我国农民土地私有制在经历了农业合作化与人民公社化运动以后转变为了农村集体所有制,此阶段制度的供给主体是政府,其预期主要有经济上和政治上两方面,即经济上实现以农业合作化为工业化发展提供保障,政治上实现向社会主义的逐步过渡。① 合作社运动发展到后期,土地制度主要体现的则是平均主义和集体主义,此时,国家主要通过计划经济手段对农村的生产生活资料进行分配。一方面,计划经济手段完全摒弃了市场的作用,导致市场严重失灵,市场的价格机制无法发挥应有的作用,从而导致生产效率下降和生产力的严重滞后。另一方面,农村土地的所有权主体是国家与集体组织,农民缺乏对土地的排他使用权、收益分配权和处分权,这种主体的缺位与虚化造成了产权的不明晰,表现为"产权的缺失",国家在人民公社体制下却获得了原来属于集体和农民的土地产权。根据产权经济学理论,通常情况下,产权的边界越清晰,归属越明确,排他性越强,该产权形态的效率就越高。反之,产权越模糊,劳动组织越集中,地租效应就越无法推动农产

---

① 参见赵启安:《建国后我国农村土地制度的演变与现实反思》,载《中国集体经济》2008 年第 9 期。

品价格,使按劳分配也越不可能实现;而分配越平均,资源配置效率和劳动激励效应就越低下,因此,人民公社制度阻碍了当时生产力的发展。这种强制性的制度变迁,体现了国家意志的执行,有利于保证国家的利益,实现以农业支持工业的政策目标。但对于农民而言,由于产权的模糊,产权明晰产生的激励效应和资源优化配置效应则逐渐消退。

可见,我国农村土地制度的变化与社会政治环境密切相关,在产权上农村土地经历了从农民所有,到国家所有,再到集体所有的变化,对农村社会管理产生了重要影响,相应的法律制度也进行了相应变革。从制度的稳定性看,土地基础制度相对稳定,但土地利用制度会根据利益主体之间的博弈关系和社会发展需要频繁调整。新中国成立后,我国根据社会发展需要适时颁布法律确立了相对稳定的农村土地制度,但形成鲜明对照的是,我国农村土地利用制度发生了较为频繁的变化。土地利用制度的变化对农村社会管理模式和制度产生了最直接的影响。通过法律确定下来的利益分配规则就形成了我国土地利用制度和社会治理的基础规则,对我国农村社会经济发展和社会治理产生了深刻影响。在大陆法系,土地相关的权利体系属于典型物权范畴,其中最基础的是所有权,而用益物权和担保物权等其他物权属于土地利用制度,包括地下权、地面权、地役权等权利形式,对于发挥物的效用和满足人的需求起着至关重要的作用。因此,本部分将从法律制度的视角,以土地所有权制度变迁为逻辑,观察土地利用制度对农村社会管理的影响,并从相应的制度结构和权利体系分析农村社会管理制度对于土地利用制度变化相应的回应路径,以此为乡村振兴和乡村治理体系现代化提供理论参考。

第二节　政社经合一农村社会管理制度催生土地集体利用制度

政社合一的农村社会管理制度强化了土地所有权制度与土地利用制度的高度重合。新中国成立初期,国家以法律手段确立“耕者有其田”的土地制度。[①]《共同纲领》确立了农民土地所有制,建立起“农民所有、农民利用”的土地制度,这是在当时的历史条件下,国家为了发动农民生产积极性,迅速恢复经济发展,将利益向农民倾斜。[②] 同时,从第 34 条和第 38 条的规定也可以发现,为了弥补农民行使所有权能力不足的问题,又赋予了政府参与农村土地生产管理的权力,这是恢复国民经济发展和巩固政权的需要。随着政权建设和社会经济环境的变化,国家调整了土地制度,1950 年《土地改革法》规定农民对自己土地“有权自由经营、买卖和出租”,确立了农民土地私有制度,这个阶段土地所有权和土地利用权合二为一,政府发挥着引导作用,解决了土地平均分配问题。[③]

---

① 参见杨天波、江国华:《宪法中土地制度的历史变迁(1949—2010)——基于宪法文本的分析》,载《时代法学》2011 年第 2 期。

② 《共同纲领》第 3 条规定,在取消帝国主义国家特权的同时,对官僚资本予以没收,并将这一资本权益归国家所有,即归全体农民所有,并将之前的封建半封建土地所有制逐步地改为归农民所有的土地所有制,作为同一立法目的的延伸。第 27 条规定,“凡已实行土地改革的地区,必须保护农民已得土地的所有权。凡尚未实行土地改革的地区,必须发动农民群众,建立农民团体,经过清除土匪恶霸、减租减息和分配土地等项步骤,实现耕者有其田。”第 34 条规定,尊重农民的自由意志以及利益需求,政府进行适当的引导工作,号召和协助创办不同的生产与劳动的互助合作形式。

③ 参见张曙光著:《中国地权变迁六十年》,社会科学文献出版社 2002 年版,第 38 页。

在社会管理制度方面，为了配合“土改”的顺利进行，1952年确定行政村与乡为一级地方政权机关，通过强化基层政权的渗透力和执行力确保农民作为所有权主体的同时，确保政府对基层社会行政管理的能力得到充分发挥。

社会主义改造阶段，实行农业合作化土地集体利用制度，与之相应建立了人民公社进行社会管理，行政村变成农业合作化生产组。我国1954年颁布了第一部《宪法》，对土地制度进行了微调，规定多种所有制并存，并保留了农民土地私有制，①同时取消了行政村的建制，村级组织成为乡人民政府的下属机构或派出机构。国家通过强化对基层直接行政管理，组织农民进行“生产合作、供销合作和信用合作”，但是，在宪法规定中，国家公共利益大于私人利益，第13条规定，国家基于公共利益，依照法定条件对土地进行征收。此后，为了进一步强化公共利益，土地农民私有逐步转为国家所有，与之相应的农业合作化组织形式出现，农村社会管理实行了人民公社体制。到1956年，加入合作社的农户人数达到全国农户总人数的96.3%，农村土地基本完成了由农民个体所有制到社会主义集体所有制的转变。② 从权利归属看，农村土地的所有权与经营权统一归于合作社。而且在权利主体地位方面，农户家庭经营变成人民公社为单位的集体所取代。在1958年，国家颁布了《中共中央关于在农村建立人民公社问题的决议》，这项决议既确立了以人民公社对农村社会进行严格管理的制度模式，也终结了

① 1954年《宪法》第5条规定：“中华人民共和国的生产资料所有制现在主要有下列各种：国家所有制，即全民所有制；合作社所有制，即劳动群众集体所有制；个体劳动者所有制；资本家所有制。”第8条第1款规定：“国家依照法律保护农民的土地所有权和其他生产资料所有权。”

② 胡绳著：《中国共产党的七十年》，中共党史出版社1991年版，第52页。

农民土地私有制。国家采用人民公社的形式对农村社会进行管制,并以空前强制力推进生产资料私有制社会主义改造,农民被编入合作社、人民公社、生产大队、生产队,逐渐失去了财产权主体地位。如1962年颁布的《农村人民公社工作条例(修正草案)》确定了生产队的土地权利主体地位,从所有权归属看,为“三级所有,队为基础”;从具体的权利内容看,人民公社兼具政治职能和经济主体地位。“生产队是人民公社中的基本核算单位。他实行独立核算,自负盈亏,直接组织生产,组织收益的分配。生产队范围内的土地,都归生产队所有。”①1975年《宪法》第5条规定:“中华人民共和国的生产资料所有制现阶段主要有两种:社会主义全民所有制和社会主义劳动群众集体所有制。国家允许非农业的个体劳动者在城镇街道组织、农村人民公社的生产队统一安排下,从事在法律许可范围内的,不剥削他人的个体劳动。同时,要引导他们逐步走上社会主义集体化的道路。”第7条第2款规定:“现阶段农村人民公社的集体所有制经济,一般实行三级所有、队为基础,即以生产队为基础单位的公社、生产大队和生产队三级所有。”国家把土地利益分配的主动权控制于手中,农村社会管理决定了土地制度和土地利用相关的权属,农民对土地的各种权利都转移给国家行使。从这个意义上讲,在社会政治经济环境发生巨变的情况下,社会管理模式又反作用于土地制度的变革,土地所有权服从于社会管理的制度选择。

① 《中共中央关于加快农业发展若干问题的决定》,载中共中央文献研究室编:《三中全会以来重要文献选编》(上),人民出版社1982年版,第73页。

第三节　家庭联产承包经营责任制与村民自治的因应

从 1978 年安徽小岗村“包产到户”开始，农民土地利用权逐步恢复，到 1981 年 10 月，全国农村已有 98% 建立了各种形式的生产责任制。至 1982 年，现行宪法确立了农村土地集体所有制，农村土地的所有权主体为集体，以集体所有权与家庭联产承包经营责任制相结合，赋予集体经济组织成员土地利用权。① 在实践中，随着城市化、工业化、市场化的不断加深，农村土地集体所有，家庭承包的利用形式也发生了很大的改变。2004 年《宪法修正案》第 20 条规定，国家可以为了公共利益的需要，依法对土地征收、征用，但是，要对被征收人、被征用人依法给予补偿。至此，农民的土地权益与土地所有权在宪法上完成分离，个体权益从家庭集体权益当中分离出来，受到宪法保障。在农村社会管理方面，具有村民自治性的村民委员会相应地得到宪法的确认，并使与此相关的基层社会管理演变为村民自治，村民自治最核心的就是每一个具有村民资格的成年人都享有对本村事务的投票权，也享有对自己权利的处分权。可以说，乡村社会管制转变为乡村社会管理，是社会治理方面很大的进步。

其后，农民土地用益物权得到了相关法律的确认和巩固，但土地所有权行使主体存在模糊多元问题。《民法通则》第 74 条规定

① 1982 年《宪法》第 10 条第 1 款、第 2 款规定：“城市的土地属于国家所有。农村和城市郊区的土地，除由法律规定属于国家所有的以外，属于集体所有；宅基地和自留地、自留山，也属于集体所有。”

了农村集体土地的权利主体和权利的行使者。[①] 但是，对于何为“集体”，《民法通则》并没有给予明确的含义。之后《物权法》明确农村集体经济组织依法对属于集体所有的土地享有占有、使用、收益、处分的权利。[②] 根据《物权法》第60条规定，农村集体包括三种形式，即村农民集体、村内农民集体和乡镇农民集体。[③]《民法总则》第55条规定，农村集体经济组织的成员，依法取得农村土地承包经营权，从事家庭承包经营的，为农村承包经营户。第56条第2款规定，农村承包经营户的债务，以从事农村土地承包经营的农户财产承担；事实上由农户部分成员经营的，以该部分成员的财产承担。至此，农民个体成为可以脱离家庭集体土地的利用权人，并且在法律上承认其具有独立于家庭的财产和责任，以家庭联产承包为基础的村民自治模式。因为权力主体的原子化，每一个农民独立的权利和利益都在法律上得到了确认，与此相关的乡村社会治理也需要由每一个具有独立的权利的农民参与，因此，以村民自治为基础的农村社会管理转变为了以农民为主体的乡村治理。

---

① 《民法通则》第74条规定了权利主体，“集体所有的土地依照法律属于村农民集体所有”，权利的行使者为“村农业生产合作社等农业集体经济组织或者村民委员会经营、管理”。对于“已经属于乡(镇)农民集体经济组织所有的，可以属于乡(镇)农民集体所有”。

② 《物权法》第39条规定：“所有权人对自己的不动产或者动产，依法享有占有、使用、收益和处分的权利。”

③ 《物权法》第60条规定：“对于集体所有的土地和森林、山岭、草原、荒地、滩涂等，依照下列规定行使所有权：(一)属于村农民集体所有的，由村集体经济组织或者村民委员会代表集体行使所有权；(二)分别属于村内两个以上农民集体所有的，由村内各该集体经济组织或者村民小组代表集体行使所有权；(三)属于乡镇农民集体所有的，由乡镇集体经济组织代表集体行使所有权。”

第四节　乡村社会治理模式转变与农村土地利用制度的检讨

在既定的政治制度之下，农村土地所有制基本稳定，土地所有权也相对稳定，土地利用制度却随着社会发展需要而不断变化，这种变化一方面决定了农村社会管理的模式，反过来，农村社会管理模式，一旦制度化又决定了土地利用的形式。从目前的立法情况来看，农村土地集体所有权主体仍然不够健全，存在有法律地位没法人地位的情况，集体经济组织与村委会的职能混同，混同现象比较突出，其对农村土地的有效利用产生了制约，也对乡村治理现代化构成了障碍。虽然宪法等有关法律明确了农村集体经济组织的法律地位，但我国规范集体经济发展的法律少之又少，导致集体经济发展的顶层法律制度严重缺失。一是集体经济管理主体法律地位缺失，集体资产产权管理缺乏法律依据。二是集体经济组织成员权管理法律缺失，规范农村集体经济组织成员的法律几乎是空白的，导致国家层面认定农村集体经济组织成员资格缺少法律依据。三是集体经济组织法律规定模糊。按照现有法律规定，我国财产所有权分为国家所有、集体所有、个人所有三种形式。集体所有是现实中广泛存在的一种财产所有权形式，如何对这种经济形态的法人地位进行认定，法律是模糊的。特别是在现行法律框架下，农村集体产权改革后，经由折股量化改造而成的新型集体经济组织，面临登记困惑和身份认同尴尬，没有依法参与市场经济活动的“通行证”。这方面当前有三种变通做法：一是由县级以上人民政府发放证明书。二是登记为农民专业合作社法人。三是登记为企业法人。但是，这种做法存在很大争议。集体经济组织若登记为企业法人，不仅在股东人数、资本构成等方面不符合法律规定，更重要的是集体经济组织与一般企业有重要区别。当前，改制中遇到的核心问题是股份合作经济组织法人地位不明确。这客观上要求加快农村集体经济组织立法，创造其与其他各类所有制经济组织受到同等保护的法律环境。①

2014 年底，新一轮农村土地制度改革大幕开启，中央印发了《关于农村土地征收、集体经营性建设用地入市、宅基地制度改革试点工作的意见》，明确提出要完善农村集体经营性建设用地产权制度，赋予农村集体经营性建设用地出让、租赁、入股权能。各地也开展了试点工作，四川省成都市郫都区推动入市扩容增效，通过土地整治，激活存量，发展旅游产业，实现农民增收，集体经济壮大；湖南浏阳市把花炮退出和土地入市结合，促进产业转型升级。但这些仍然没有明确所有权主体和土地利用主体之间的关系，集体的概念仍然模糊，这个方面的问题已经给农村社会管理带来了困难。作为回应，2015 年中共中央办公厅、国务院办公厅印发的《深化农村改革综合性实施方案》明确把农村集体经济组织条例列在需要研究制定的法律法规中。②《民法总则》第 101 条规定，居民委员会、村民委员会具有基层群众性自治组织法人资格，可以从事为履行职能所需要的民事活动；未设立村集体经济组织的，村民委员会可以依法代行村集体经济组织的职能。第 96 条规定，农村集体经济组织法人、城镇农村的合作经济组织法人、基层群众性自治组织法人，为特别法人。第 99 条规定，农村集体经济组织依法取

① 参见王春平、张立富：《农村集体经济组织的法律地位与企业化改造》，载《农业经济问题》2002 年第 2 期。

② 参见韩俊：《在民法总则中明确集体经济组织的特殊法人地位》，载《中国人大》2016 年第 21 期。

得法人资格；法律、行政法规对农村集体经济组织有规定的，依照其规定。从各地的试点和立法实践来看，农村集体经济组织独立的法人地位和农民与家庭相分离的主体地位在法律上得到了认可，但是，立法上将农村经济集体组织和村民委员会这样一对经济和社会管理的职能放在一起，在实践中容易发生错位，并且农民主体地位在土地利用的制度安排当中和乡村治理的权力架构当中难以得到体现。

尽管立法有很大进步，但从目前农村社会治理和"三权分置"的实施情况看，土地利用制度和土地所有权制度、土地所有权和承包经营权二元分立局面没有改变。农村土地两权分离制度是从1984年实行家庭联产承包经营责任制开始的。农地所有权与承包经营权分离，农民对生产剩余可以主张索取权。立法上体现在1988年的《宪法》修改中，其调整了1982年《宪法》第10条第4款关于土地使用权的规定，在一定程度上实现了土地所有权与使用权的分离。① 土地所有权与使用权分离在2002年的《农村土地承包法》中进一步规定。但是，这部法律在侧重于用益物权规范的同时，仍然没有从根本上明确土地所有权的权属以及如何规范和处理农村土地所有权与用益物权的冲突。这不利于认定土地承包经营权的权利性质，即削弱了承包权的财产属性，限制了非农地和农地之间的使用权交易，导致土地用益物权的权能缺失，这在一定程度上造成经济利益配置失衡导致乡村治理主体的模糊。从近年乡村的民主管理来看，农民参与的积极性不高；从农村集体经济组织

① 1988年的《宪法修正案》调整了1982年《宪法》第10条第4款关于土地使用权的规定，修改为"任何组织或者个人不得侵占、买卖或者以其他形式非法转让土地。土地的使用权可以依照法律的规定转让"。

农业专业合作社的运行情况来看,农民参与的积极性也不高。但需要肯定的是,法律在根据实践需要不断地调整土地利用制度,并不断地完善乡村治理机制,为实现乡村治理体系和能力现代化发挥了重要作用。

第五节　现行土地利用制度下的农村社会管理困境

随着农村社会管理选择了村民自治制度,农村土地制度和土地利用制度二元分立的家庭联产承包经营责任制在宪法和法律中得到确立。但是,土地利用受制于土地所有权制度,土地要素不能自由流通,城乡二元社会结构不断强化,为了解决发展不平衡不充分的社会矛盾,相关法律对土地利用制度做了调整,先后通过《民法通则》《物权法》《农村土地承包法》《民法总则》等确立了农村集体经济组织独立的法人地位和农民脱离家庭的独立经济主体地位,确认了土地所有权、承包权、经营权“三权分置”,进一步将农村社会主体原子化和特定化。每一种权利的分置就意味着法律关系中权利义务相对人和所有者法律关系和社会结构的重新组合,从而导致农村社会管理关系的交错化和复杂化。特别是在乡村振兴背景下,农村社会管理转向了以权利为主轴的乡村治理模式,权利保障和权力约束成为法治的基础,土地利用制度也因此发生调适。农村土地承包经营权及其流转形式在法律层面形成了各种相互交织的权利义务组合,并对土地制度本身产生了重要影响,从而导致社会治理环境发生了巨大变化。一是提高土地利用率,增加农村土地效益;二是有利于排除发包方的非法干预,充分保护农村土地承包经营权人的合法权益;三是兼顾土地所有者与农村土地承包权人的利益。《农村土地承包法》第53条规定："通过招标、拍卖、公开协商等方式承包农村土地，经依法登记取得权属证书的，可以依法采取出租、入股、抵押或者其他方式流转土地经营权。"第50条第1款规定："荒山、荒沟、荒丘、荒滩等可以直接通过招标、拍卖、公开协商等方式实行承包经营，也可以将土地承包经营权折股分给本集体经济组织成员后，再实行承包经营或者股份合作经营。"《物权法》第124条、第125条、第128条规定明确了农村土地承包经营权的物权性质，规定了它的基本权利内容和权利实现方式。这些法律提供了农村土地承包经营权的制度支撑，有利于权利人合法权益的保障，行政部门的操作和司法部门的适用，对调整农村土地利用关系和提高农村土地利用效率具有十分重要的意义。[①] 我们将从几种典型的土地利用方式的运行方式观察农村社会治理面临的问题和治理机制的调整。

一、"三权分置"与村民自治的政府介入

以"三权分置"为核心的土地利用制度改革视为搞活农村经济实现乡村振兴的重要手段，从社会治理的层面看，它同样引起社会利益和社会结构的重组，并在土地流转合同发生履行障碍的情况下触发政府管理行为，从而影响乡村振兴战略的实现。根据相关法律规定，土地流转限于承包经营权，并通过各种形式的流转形成了土地承包经营权人与实际经营人之间的新型法律关系，但是相

---

① 《物权法》第124条第2款规定，"农民集体所有和国家所有由农民集体使用的耕地、林地、草地以及其他用于农业的土地，依法实行土地承包经营制度"；第125条规定，"土地承包经营权人依法对其承包经营的耕地、林地、草地等享有占有、使用和收益的权利"；第128条规定，"土地承包经营权人依照农村土地承包法的规定，有权将土地承包经营权采取转包、互换、转让等方式流转"。

关法律规定没有明确这对关系中村集体的地位和作用，带来了较多的问题。首先，村集体农民作为承包经营权人对土地流转具有直接处置权，土地集体所有权被掏空，导致村集体在土地利用中所有权人权利被消解。这导致土地利用随意性加大，也容易导致土地承包经营权流转中交易双方的议价能力不均衡，从而导致农民权益受损，农村经济发展受到制约。其次，权利主体权能不充分，土地承包经营权流转在实践中运行不畅。由于所有权、承包权、经营权分离，所有人权能以保有自物权的回归力和追及力为基础，用益物权和担保物权受到限制，导致在流转过程中所有者权利不能全程渗透。而土地承包经营权人对土地享有占有、收益和部分处分权，可以根据法律规定设定土地流转的合同和行使土地流转的权利，并在法律层面形成超越所有权人的用益物权和担保物权，从而隐藏了土地流转中村集体和承包经营权人之间的利益冲突，在集体经济组织和村委会重合的情况下，村委会自治能力也因此受到削弱。最后，承包经营权人和实际经营人间的权利结构复杂化。由于土地制度二元结构，土地利用中承包经营权人和实际经营人在缔结和履行流转合同的过程中，存在能力不均衡的问题，容易导致两个方面的矛盾。一是如果仅仅限于自然人之间的流转，双方预期相对稳定，但是，在合同的履行中，如果发生土地所有权征收征用等变化或者因土地利用价值而发生变化，双方容易发生争议。二是如果承包经营权人与实际经营人缔结合同，相互之间在缔结合同前权能不均衡，在缔结合同后土地自然面貌可能会因为经营开放强度的提升而发生很大的变化。对第一种情形，集体经济组织基本不介入直接当事人之间的法律关系，某种程度上放弃了所有权人的权利，进而可能削弱了农村社会治理能力，和村民对集体经济组织的法律联系。对第二种情形，因承包经营权人和实际经营人相互间的信任度比较低，而相互间的利益期待都比较高，导致其直接缔结合同的可能性不高，由此双方都会寻求集体经济组织或村民委员会（甚至乡镇政府）介入。一旦村民委员会或乡镇政府介入，又将导致土地所有者地位得到强化，从而使用益物权和担保物权等一系列权利受到制约，实际经营人的稳定预期和村民的利益诉求得到保障，达成一定的稳定均衡。可是，这里涉及农民就业、保障等个人问题，实际经营人的可持续发展和经验稳定性问题，以及发生经营困难导致经营人无力兑现土地流转合同承诺后的赔偿等问题，政府将被迫因土地流转的经济行为陷入治理困境。

二、土地承包经营权流转与农村社会管理的漏洞

按照“三权分置”的政策，土地承包经营权流转是当前的主流方式，但是土地承包经营权流转过程中土地所有权和土地利用制度分离带来各类权利体系和权能的不完整，隐藏了各方信息不对称和非即期合同中的机会主义风险，而土地承包经营权流转实践更加重了这种风险转嫁给政府的机会。在实践中，土地承包经营权人基本上都是先将土地承包经营权委托给农村集体经济组织，实现承包经营权的股份化，再由集体经济组织代为出租给公司，无论公司是否进行土地经营，其均需支付给集体经济组织租金，再由集体经济组织将租金按农民所持股份分配到农民。这种方式的好处是节约了农民与企业之间的信息沟通成本，便于进行土地的规模化经营，实现规模效应，促进农民增收和农村经济的发展。但是，这种方式也增加了所有人权利在土地承包经营权流转中的作用，强化了集体经济组织、村民委员会和基层政府切入农村社会管理的激励。由于交易环节的增加，导致“三权分置”的模式容易产生“有利益各家争，有风险各自逃”的局面，最终导致基层政府成为

风险承担者,影响了乡村振兴和乡村治理体系现代化的实现路径。

法律确认了农村承包经营土地可以采用入股的方式加以利用,在实践中最广泛的方式就是将土地承包经营权股权化并成立农村股份经济合作社进行管理,同时,农村社会管理模式也与之相应纳入合作社当中。但是,由于村委会与农村集体经济组织在事实上采取了政经社合一的模式开展社会治理,因此,在经营股份合作社经济的过程中隐藏着内部人治理风险。我们在调查 A 区的过程中发现,该区主要通过“两股一改”①以创新农村传统的集体经济组织为农村股份经济合作社。“两股一改”主要涉及三个方面的内容,即集体资产股份化、集体土地股权化以及原有的农村集体经济组织的改造。② 在股份改革完成的基础上,按照现代企业制度的原则,再将传统的农民专业合作社改造为股份经济合作社,以满足当前农村经济的发展和农民对增收的需求。股份经济合作社成员持有集体资产股和土地受益股,对集体资产和集体土地根据“按份共有”享有明晰的产权,并按股份进行分配,形成适合市场经济发展需要的自主经营、自主管理、资源共享、风险共担的新型合作经济组织与运作机制。但是,入股方式也暴露出一系列的问题。首先,农民入股后主要采用股份经济合作社的治理模式,但由于村民委员会和股份经济合作社“政社合一”的现象没能从根本上解决,使村民委员会的双重代理风险难以避免,并出现了村干部和股份经

① “两股一改”是指集体资产股份化和集体土地股权化。其中,集体资产股份化是指以生产队或组为单位,以原集体经济组织成员资格和成员的“农龄”为计算依据,对集体经济组织经营性净资产进行股份量化;集体土地股权化是指以生产队或组为单位,以原集体经济组织成员资格为计算依据,对集体土地收益权进行折股量化。

② 参见林星、吴春梅:《农村股份经济合作社治理结构、机制与模式》,载《农业现代化研究》2017 年第 6 期。

济合作社董事长、总经理等主要管理人员身份互通、相互兼职等情况。其次,具有来自股份经济合作社内部人员控制的风险,由于股份经济合作社的股权分布零散,加之长久以来农民缺乏对社区公共事务和公共利益的兴趣和责任,不利于形成有力的监督机制。在“两股一改”的背景下,资源动员能力增加越集中到一小部分人,风险边际成本就越高,也可以说,在新的产权制度下,增加了代理人风险。

土地承包经营权在制度设计上既含有发展农业经济的价值取向,又有为农民提供社会保障的目标追求,这两个矛盾在农村社会保障体系未建立的情况下,前者往往更服从后者,这导致“三权分置”下土地流转制度功能发生错位,并导致社会治理主体在经济与政治功能之间摇摆,最终导致缺位。以抵押权为例,法律上对土地承包经营权能否抵押尚有争议。《农村土地承包法》允许对部分的土地承包经营权,进行有条件的抵押流转。① 但是,我国《担保法》和《物权法》都禁止土地承包经营权设定抵押。② 其基本假设是土地承包经营权具有很强的社会保障性质和福利功能,是以户为生产经营单位的承包方式,是农村集体经济组织内部为保证社员基本生活条件,普遍存在、人人有份的权利,如果以这种权利作抵押,

① 《农村土地承包法》第53条规定:“通过招标、拍卖、公开协商等方式承包农村土地,经依法登记取得权属证书的,可以依法采取出租、入股、抵押或者其他方式流转土地经营权。”

② 《担保法》第37条第2项和《物权法》第184条第2项都明确规定:“耕地、宅基地、自留地、自留山等集体所有的土地使用权”不得抵押。最高人民法院《关于适用〈中华人民共和国担保法〉若干问题的解释》第52条规定:“当事人以农作物和与其尚未分离的土地使用权同时抵押的,土地使用权部分的抵押无效。”最高人民法院《关于审理涉及农村土地承包纠纷案件适用法律问题的解释》第15条也规定,“承包方以其土地承包经营权进行抵押或者抵押债务的,应当认定无效”。

可能危及抵押人起码的生存条件,甚至造成社会稳定问题。所以法律规定不能以此作抵押。然而,如果财产不进行交易,无异于资源,不能产生增值,而农民对于土地承包经营权可以抵押的期盼程度比较高。① 法律上的矛盾导致抵押方式利用农村土地的情况并不普遍。但是,层级较低的《农村土地承包经营权流转管理办法》规定了农村土地承包经营权的转包形式及范围,②多数受访农民也更愿意通过转包的方式实现土地承包经营权的流转。那为什么农民很少采用抵押的方式发挥土地利用价值呢?因为家庭承包的土地是农民安身立命的根本,农民对土地的依赖程度比较大,农民更期望通过转包实现兼业,而在兼业无法进行时,又可及时收回转包的土地经营权,以此得到双重保障。但是,这种方式最大的法律问题是,实际经营人对土地利用预期不稳定,没有改变传统的生产方式和社会结构,对实现土地利用制度的优化作用也不大。可是,由于实际经营人不能在乡村治理当中享有权利,其获得的经营权受制于承包权,如果承包人放弃社会治理的参与,将导致社会治理主体缺位。在调查中我们发现,农民参与村委会议事决策的积极性本来就比较低,当参与社会治理带来的收益变为间接形式以后,农民参与治理的积极性会进一步降低,从而导致乡村社会治理和振兴建立在没有基础的一盘散沙上。

① 参见陈小君等著:《田野、实证与法理——中国农村土地制度体系构建》,北京大学出版社2012年版,第91~94页。

② 《农村土地承包经营权流转管理办法》第35条第2款规定:“转包是指承包方将部分或全部土地承包经营权以一定期限转给同一集体经济组织的其他农户从事农业生产经营。转包后原土地承包关系不变,原承包方继续履行原土地承包合同规定的权利和义务。接包方按转包时约定的条件对转包方负责。承包方将土地交他人代耕不足一年的除外。”

第三章　土地利用利益冲突与平衡的社会治理机制

由上可知,我国土地利用制度在不断的演化中深受土地制度二元结构的影响,又反过来成为影响农村社会管理模式的决定性因素。当前,我国土地制度与农村社会管理在制度接口上存在一定的断裂,这是乡村治理体系现代化的障碍。要排除问题的关键,还是要回到土地利用制度的本源,去思考如何平衡在土地利用中农民和政府之间的利益冲突。土地利用法律关系及其利益结构是观察乡村社会治理机制的切入口,也成为本章研究的重点。

第一节　土地利用制度变迁中的行动者及其法律关系

中国实行的是城乡分治、政府垄断城市土地一级市场的土地制度。[①] 这种特殊的二元土地所有制为20世纪90年代末以来的高速工业化和快速城市化作出了重大贡献，但也存在土地市场发育不完善、农民土地财产权利被侵犯和土地利益矛盾加剧等问题。我们需要从土地制度变迁的行动者及其利益关系，去分析农村社会管理制度与二元土地所有制之间的相关性，并为乡村治理现代化提供土地利用制度变革的理论路径。

一、我国土地利用制度变迁的行动者

我国土地所有权和利用制度二元结构是由政府和农民个人在追求利益最大化的行动过程中形成的。新中国成立后，政府首先依靠其自身的权力进行土地改革，变封建地主土地所有制为农民土地所有制，重新配置土地和劳动力，调动农民的生产积极性，迅速恢复农村经济。政府通过这种强制性的变迁方式降低了制度变迁过程中的寻租机会，且节约了制度变迁的成本。但土地改革形成的农民土地私有制，由于分散和小规模生产的特点，难以保证国家从农业中聚集工业发展所需要的资金，且分散经营的农业也不

---

① 新中国成立以来，我国农村土地制度共经历了三次重大的制度变迁：一是1949～1953年的土地改革，变封建地主所有制为农民的土地所有制；二是1953～1978年的农业合作化运动和人民公社化运动，变农民的土地所有制为集体所有制；三是1978年以来形成的家庭联产承包经营责任制，由此建立了城乡分治的政府垄断城市土地一级市场的土地制度。

易为国家控制，难以满足当时的国情需要。为了动员农村剩余劳动力可以增加农村资本的形成，加强对农村的控制，消除城乡之间的收入差异，增加政府对农业剩余的提取率，①国家采取了农业合作化运动与人民公社化运动的方式，整个农村社会处于政府的强力管制下。由于人民公社制度阻碍了当时的生产力发展，废除了人民公社对农村社会的管制体制，确立了家庭联产承包制，实现了家庭联产承包经营责任制的诱致性制度变迁。但是，随着农村经济的发展和社会主义市场经济体制的不断完善，家庭联产承包经营责任制逐渐不适应于现代的农业产业化发展，并严重制约了农民的非农化以及土地的增值与农民的增收。因此，政府在已有的家庭承包方式基础上，再次明确了30年的土地承包经营权，从政策上实现农村土地所有权、承包权与经营权相分离。与此同时，国家规定将城市土地全部收归国有，并逐步实现土地资源的市场化。城市建设用地的市场化使城市建设用地的使用价值随之增加，土地的财产属性得以体现。在此背景下，城市房地产市场迅速发展，土地交易中的参与者都是城市建设用地流转的受益者，城市经济得以快速发展。与之形成鲜明对比的是，农村的集体土地不允许进入土地市场进行自由交易，只能在村集体内部进行流转，农民无法享有土地流转带来的增值收益，从而导致城乡二元化社会鸿沟不断扩大。

农民作为农村发展的主体以及制度的需求者，对二元土地所有权制度结构的形成也具有推动作用。新中国成立后，农民最大的渴望是拥有土地的所有权。政府为了调动农民的积极性进行了

① 参见赵启安：《建国后我国农村土地制度的演变与现实反思》，载《中国集体经济》2008年第9期。

土地改革,实现了农民土地的私有化。同样,一定程度地开展互助合作是符合农民意愿的,但过度限制其土地权利和损害其经济利益则是不受欢迎的。① 较之人民公社的统一经营相比,农民的家庭经营则表现出更低的生产组织成本优势,同时也更易实施激励机制调动农民的生产积极性以及合作社中难以解决的监督问题,更为符合小农经济阶段的农业生产要求,成为众多农业生产组织形式的首选。另外,为了满足农民的"风险共担、收益共享",对土地资源本身进行平均分配,这也是家庭联产承包经营责任制生成的制度前提。此种情况下,农民自发组织采用家庭联产承包的方式,初步实现了土地所有权和使用权的分离,恢复了产权明晰的激励效应,促进了农村的生产发展。

综上所述,我国二元土地所有权结构的形成主要是由政府和农民两个主体在不同阶段为了追求自身利益最大化而推动的。首先,新中国成立后,为了调动农民的生产积极性,政府通过土地改革变封建半封建的土地所有制为农民的土地私有制;其次,为了响应国家当时以农业支持工业发展的经济政策,进一步加速工业发展的进程,土地私有制已不满足当时的经济发展要求,故政府又通过实施农民合作社和人民公社运动,变农民土地私有制为农村集体所有制;最后,由于农村集体所有制的完全平均主义不利于农民的权益,农民为了维护自身的利益自发组织实行家庭联产承包,同时,政府进一步发挥决策者的主导力量作用,确立了家庭联产承包经营责任制。这样的政府与农民双向推动机制共同促进了中国农村的社会变迁和治理变革。

---

① 参见赵启安:《建国后我国农村土地制度的演变与现实反思》,载《中国集体经济》2008 年第 9 期。

二、农村二元土地制度的悖论与社会治理的改进

1982 年《宪法》确立了我国土地国有和集体所有的二元权利体系，并通过设定国家对土地的征收征用权，解决了集体土地和国有土地之间的关系问题。[①] 与此同时，国家对农村土地的用途进行了严格的管制，只有通过国家的征收或征用，农用地才能转为建设用地，用于农业经营之外的其他用途。[②] 这样，我国二元所有权制度结构的基本格局形成。换言之，农村集体土地只有经过政府的征收变为城市国有土地之后才能自由流转。可以看出，只有国家才拥有建设用地的处置权，而作为集体成员的农民则没有此项权利。农村土地集体所有权受到种种限制，“集体所有”的土地权利变得残缺不全。[③] 换言之，农村土地的所有权主体抽象化为“集体所有”，导致了成员的权利虚化。[④] 这里出现了一种奇怪的悖论，以保护农民土地财产权利为目的的农村土地产权制度，反而在现实中成为对农民权利不公平对待的制度根源。以 A 区试点村为例，虽然试点村的地貌平整，符合规模经营的要求，但农民人均耕地不足 1 亩，这也反映了现今的一种内在矛盾。换言之，由于法律人为地约束了农村土地使用权流转，使农地价值无法实现增值从而体现

---

① 1982 年《宪法》第 10 条规定，“城市的土地属于国家所有。农村和城市郊区的土地，除由法律规定属于国家所有的以外，属于集体所有；宅基地和自留地、自留山，也属于集体所有。国家为了公共利益的需要，可以依照法律规定对土地实行征收或者征用并给予补偿。”

② 依据《土地管理法》的规定，土地分为农用地、建设用地和未利用地三类。

③ 参见张千帆：《农村土地集体所有的困惑与消除》，载《法学研究》2012 年第 4 期。

④ 参见王利明、周友军：《论我国农村土地权利制度的完善》，载《中国法学》2012 年第 1 期。

其真实的价值。因此,亟需改革我国这种不合理的二元土地制度。我们调研的 A、B、M 等区域积极探索土地产权改革,通过土地确权、建立农村产权交易平台、“两股一改”等改革措施,降低农户信息成本和社会资金所有者的谈判费用,有利于土地的流转,实现土地资源的规模经营,对于解决土地利用制度二元化限制具有重要意义。为了保障这些创新的土地利用机制在土地所有权限制下能够有效运行,这些试点地区都创造了与之相应的社会治理协同机制,这个治理机制更加注重农民主体地位,强调农民在土地利用中的决定权。

第二节　我国农村土地利用法律关系中的利益结构

如何平衡农村土地利用中各利益相关者间的利益冲突,不仅关乎权利人的利益,还关系农村社会的有效治理和国家的长治久安。在农村土地利用过程中,权利人是农民、农村集体经济组织与各利益相关者诸如各级政府部门、村干部、投资人等个人、群体或组织,它们要么直接参与利益的博弈,要么受到利益博弈结果的影响,由此形成了不同的利益结构。农村土地利用中的利害关系人各自的性质不同决定了其行为的选择不同,而其行为选择的不同又直接导致了利益冲突影响的差异。本部分将根据利害关系的直接程度,把农村土地利用利害关系人按照权利人和利益相关者进行归类,权利人包括农民和农村集体经济组织,利益相关者包括政府、村干部和投资人,然后分析其利益关系、权利边界和利益平衡点等方面,并由此获取较优的农村社会管理方案,实现乡村振兴对社会治理的相关制度诉求。

一、权利人及其利益结构

（一）农民的法律地位及其在社会治理中的利益相关性

农民是农村土地利用中最重要的权利主体。① 农民通过加入农村集体经济组织取得集体经济组织的成员权，并由此享有法律规定的其他土地上的物权，诸如土地承包经营权、地役权、宅基地使用权和自留地、自留山使用权。一方面，土地使用权不仅是家庭收入的重要来源，而且也是一份就业保障和未来生活养老保障。当前我国正处于社会转型时期，农村土地的价值也发生了巨大的变化，农村在土地利用过程中开始重视保护自己的土地权益。另一方面，各种政策变量进一步激励农民在土地利用中的权利主体意识增长。诸如，各种乡村振兴政策使土地流转的价值体现出来，一些农民开始在自己的宅基地上申请新建和翻修房屋；城镇化进程中对农村土地集体所有权的征收，产生了大量征地补偿费，这刺激了权利意识的复苏，社会治理矛盾逐渐聚焦于此。温铁军指出，"农民做得成奴隶的时候是顺民，如果连奴隶都做不成便是暴民"。② 再一方面，在同各个利益相关者的博弈中，农民在利益格局中往往处在弱势地位，相关法律制度既不足以保护农民权利，也不利于土地利用最优化。我国正处于社会转型期，农民的思想观念也在发生变化，失地农民不断增多，由于相关利益机制不完善，一些涉农事件时有发生，这对社会治理如何全面

---

① 参见郑江淮、赵华、王成思、陈长江：《增强农民主体地位，消除发展差异——来自苏州社会主义新农村建设的观察》，载《西北大学学报（哲学社会科学版）》2007 年第 3 期。

② 温铁军著：《三农问题与世纪反思》，生活·读书·新知三联书店 2005 年版，第 110 页。

纳入法治轨道提出了新的课题。社会矛盾的变化，要求以农民群体高度分化的现实为基础，提供相关利益分配机制和社会治理机制。随着地区经济发展不均衡和个人禀赋差异，农民的生活水准、职业地位、居住方式、从业特征等产生了巨大分化，我们应当将经济发达地区的农民和一般农业型地区的农民进行区分。前者主要是集中在大中小城市郊区农村的农民，第二、三产业的发展为他们提供了各种便利机会。后者是传统意义上以农业为主的地区的农民，他们很难在当地获得农业以外的便利条件。这种分化造成农民收入结构、家庭结构、生存状况和便利机会上的差异和利益诉求的差异，从而决定了三农问题应该有不同的解决机制和社会治理政策。

（二）农村集体经济组织及其在社会治理中的利益相关性

农村集体经济组织是改革开放以来实行家庭联产承包经营责任制和双层经营体制后，所形成的包括乡、村、村民小组和部分农民共同所有的农村劳动群众集体所有制性质的经济组织。法律规定农村集体经济组织的主要职责是支持和组织村民依法发展各种形式的合作经济和其他经济，承担农村生产服务和协调工作。在农村土地利用关系中，农村集体经济组织充当了土地所有权人的角色。通过调查情况分析，A、B 区基本没有独立的农村集体经济组织，村民委员会代行农村集体经济组织的职能。并且，农民习惯性接受村民会委员会代行农村经济组织的经济职能。因此，在土地利用过程中，事实上农村集体经济组织的权利更多属于法律概念，在实践中并不存在。A、B 区的情况在全国具有很大的代表性。虽然，《物权法》和《民法总则》都规定了农村集体经济组织的法律地位，但是，因农村集体经济组织与自治组织的同一化而难以在法律实践中以独立的经济主体行使土地所有权，从而出现了“社经合一”的现象。这种集体经济组织主体的模糊和制度的不健全，在“三权分置”的实施过程中可能会发生因所有权主体缺位，而导致承包经营权主体的农民找不到分置承包权和经营权的权源赋予主体，而村委会的自治属性及其与政府关联的社会管理职能客观上导致了社会治理与行使所有权的经济职能混同，从而给农民产生了不信任感，会对实现乡村治理现代化的目标产生消极影响。

二、利益相关者利益结构及在社会治理中的相关性

(一)中央与地方两级政府的权限和利益结构

在土地利用过程中，中央政府依法履行监督管理职责，其目的在于实现土地资源的充分有效利用，实现土地资源的优化配置。然而，地方政府在具体执行土地管理职能时，基于追求地方经济增长、增加税收收入和自身政绩等因素的考量，致使中央政府与地方政府之间行为目的和出发点上的不一致，造成了两者之间的目标在总体一致基础上又有冲突。两者在对土地的管理和利用过程中存在信息不对称的困境，加上监管成本的约束，中央政府对地方政府土地利用行为的监管可能存在效力递减问题。地方政府在与其他利益相关者的利益博弈中则具有比较优势。地方政府对土地行使具体的管理职能，在行政执法过程中亨有比较大的自由裁量权，在实践中可以以“公共利益”对土地征收征用。由于近年来房地产市场的兴盛，出让国有土地使用权已经成为各地方政府增加财政收入和筹措城镇化建设所需资金的重要途径。有研究表明，某些县市土地出让金收入已经占到财政收入的35%左右，有的高达一半以上，有些县市60%～70%用于城市

基础设施建设的资金都来自出让土地的收入。[①] 在土地征收过程中，农民容易与地方政府发生冲突，在某种程度上也是地方政府与中央政府在土地利用上冲突和博弈的一种反映，这对于解决农村社会治理的群众参与问题产生了障碍。

（二）村干部的角色及其在土地利用中的利益相关性

村干部本身具有三种不同性质的角色，即村干部既是“受政府委托行使行政职能的代表”，又是“村民自治的代表”，同时也是“自我利益的代表”，三种不同角色之间的冲突就产生了村干部与其他利益相关者之间的利益冲突。首先，村干部要接受乡镇党委政府的领导，其工作也要接受乡镇政府的指导。因此，村干部与地方政府之间的密切关系就决定了村干部只能坚决执行地方政府的命令和决策。在地方政府对土地征收过程中，当地方政府与农民之间的利益发生冲突时，村干部基于自身利益的考量，一般会选择支持地方政府的立场，与地方政府保持一致。其次，村干部又是“村民自治的代表”。村民委员会作为基层群众自治组织，代表村民集体实现自治管理，因而村干部在具体履行职责时理应维护村民的利益。地方政府与村集体在土地征收过程中进行利益博弈时，村干部负有保护村集体合法权益的责任。最后，村干部作为个体的人，尤其是作为市场经济中的理性经济人，还是“自我利益的代表”。在土地利用过程中，村干部享有代表农村集体经济组织的职权，在缺乏有效监督的情况下，容易出现代理人风险从而引发利益冲突。在“村企不分”“政社合一”的农村社会管理结构中，作为与村民直接接触的村干部，对村民自治的组织能力将受到消极影响。村民

① 参见吴群、李永乐：《财政分权、地方政府竞争与土地财政》，载《财贸经济》2010 年第 7 期。

自治的模式应当建立在农民主体基础上，因此，乡村振兴社会治理体系现代化的基础在于从制度上培育农民参与治理的激励机制。

第三节　权利人与利益相关者间利益冲突及其社会治理困境

农村的土地产权属于农村集体经济组织，然而，在实践中，农民与集体经济组织进行土地流转时，农民分享的土地流转收益来自集体经济组织的决定，农民作为土地利用的权利主体地位被虚化。一方面农民在行使土地承包经营权时要受到国家与集体的限制；另一方面农村集体经济组织虽然是法律上的土地所有者，但是，实际行使所有权职能的却是国家而不是集体组织，农民在集体和国家的夹缝之间、在有限产权下使用土地，这导致了农村土地产权主体模糊化。因此，在现行的土地二元产权制度下，农民在土地流转中处于弱势地位，农民也没有得到应有的土地财产收益。①

值得注意的是，近年来，土地承包经营权流转存在资本化现象，土地流转在私人资本的参与下以盈利为主，只要有利可图，土地的流转就会持续进行，而不管土地本来的功能作用。形成对比的是，农民作为土地的权利人却无法公平公正地拥有土地流转带来的增值收益。② 在市场经济条件下，由于土地资源的稀缺性，为了地方利益，政府和村民委员会以推进农业规模经营和调整农业结构等形式，将土地流转给公司经营，农民获得数额较少的固定租

① 参见刘荣材：《产权、定价机制与农村土地流转》，载《农村经济》2010年第12期。

② 参见韩松：《新农村建设中土地流转的现实问题及其对策》，载《中国法学》2012年第1期。

金,从而将土地经营权变成为公司的资本,公司将土地投资经营高效农业或者非农产业,其取得的利润则与农民无关。结果是,农民除了获得土地租金外,或是成为公司的雇佣劳动者,或是直接成为失业者,而土地承包经营权则变为公司的私人资本,不再发挥农民社会保障的功能,而是土地资本化。农民作为土地流转主体的地位得不到体现和保障,难以分享土地流转带来的收益。在对调研地区的农村股份合作社进行访谈时,我们得知,农民将土地加入合作社,要获取高额的租金和分红,进行规模经营的土地就必须从事高效农业,但是通过将土地资本化转让给从事高效农业的公司或是种田大户得以获取高额利润的合作社则不多。但是,一旦农村股份经济合作社无法如期依约还款,土地承包经营权将会"易主",股份经济合作社也将无法继续存续,那么土地被抵押的农民的权益甚至生存都将面临严峻的挑战,进而成为引发社会不安定的因素。① 在集体建设用地流转中,调查区域农村土地综合整治采用的做法是"城乡建设用地增减挂钩"政策,具体操作是通过整理出耕地从而获得增加建设用地指标,而可以整理出较多耕地的途径是拆并农民的村庄。政府首先将需要进行整理的村庄列入规划,然后再与公司进行商谈,由公司进行投资,并负责村庄的拆迁,对于新建的房屋,农民自己还需要支付一部分价款,而置换出来的土地将由投资公司进行开发,在此过程中,政府会得到相应的土地出让金。② 在建设用地指标存在紧缺的情形下,"城乡建设用地增减挂钩"政策失去了原本的意义,即政府进行土地整理的目的并不是为

① 参见刘守英:《集体土地资本化与农村城市化——北京市郑各庄村调查》,载《北京大学学报(哲学社会科学版)》2008 年第 6 期。

② 参见韩松:《新农村建设中土地流转的现实问题及其对策》,载《中国法学》2012 年第 1 期。

了保护耕地质量，而是为了增加建设用地指标。结果是，"城乡建设用地增减挂钩"政策在具体执行中被地方政府演化为大拆大建、撤并村庄、农民被迫上楼的村庄城市化运动，而农民在开发商和政府获得巨大收益的同时却只能获得少量的补偿。① 一般情况下，建设用地指标的用地者进行拍卖的目的并不是为了公共利益，而是为了商业利益，那么政府通过对农村建设用地进行征用则显然违反了法律规定的土地征用目的，它实质上是一种打着保护农民利益的旗号剥夺农民利益的举措。② 另外，土地是农民拥有的最主要的甚至是唯一的生存资源，土地流转的资本化使农民集体成员失去了基本保障，导致农民权益的损失。投资人与权利人的冲突对于土地利用制度的变革方向具有重要影响，并可能影响社会稳定，因此，必须在完善农村社会保障等配套制度以后，才能进一步规范投资土地利用的行为和发展农业产业化模式。

第四节　权利人与利益相关者利益平衡的社会治理机制

如上所述，在农村土地的利用过程中，由于所有权与土地使有权二元结构对利益取向的不同，权利人与利益相关者之间，甚至各自内部会产生利益重叠和冲突。如果不能有效地平衡冲突问题，有可能会造成社会矛盾并导致社会治理难题。因此，只有通过完善社会治理机制，才能够比较有效地处理好各种主体之间的利益

① 参见韩松：《论政府公权力对农民集体土地所有权的侵害及其治理》，载《河南财经政法大学学报》2012 年第 3 期。

② 参见郑风田：《成都地票交易被叫停的背后》，载《改革内参》2011 年第 5 期。

冲突。换一个角度讲,这种社会治理机制应当以平衡权利人和各利益相关者的利益为目标,从而实现土地的有效利用和乡村振兴的有效推进。

一、准确定位农村集体经济组织及地方政府的角色

为了给农村集体土地的用益物权人行使权利提供有效的制度保障,要准确定位村集体及地方政府在土地利用中的角色。政府应当充当的是组织管理者和服务者的角色,制定有关土地利用与流转的规划方案。而农村集体经济组织应和村民委员会分离,为土地利用和流转提供及时而充分的信息和可靠的中介,积极组织和协调村民行使土地利用相关权利。

二、坚持"依法、自愿、有偿"流转原则

增强农民用法律来维护自身合法权益的意识,充分保障农民的知情权,畅通广大农民的维权渠道。在土地流转过程中应坚持"依法、自愿、有偿"原则,使农村土地承包经营权流转是建立在农民主体参与基础上的自愿交易。土地流转关系到广大农民的切身利益和农村社会的稳定,在土地的流转过程当中,尤其要充分尊重农民的实际意愿,不得动用行政手段强制农民实施流转,切实保障农民利益。①

三、坚持合理分配原则

利益分配不公要求对利益进行平衡,对利益进行平衡就是要

① 参见韩松:《新农村建设中土地流转的现实问题及其对策》,载《中国法学》2012 年第 1 期。

改变既有的利益分配格局，在兼顾效率的同时更加倾向于公平。因此，首先要坚持法律是分配的第一原则，在农村土地的利用中必须坚持我国宪法所确立的尊重和保障人权原则，而生存权是最基本的人权，在利益分配过程中必须充分考虑到广大农民的生存权等基本人权。其次要侧重于保护弱势群体，由于广大农民在利益的分配格局中处于相对弱势的地位，因此，必须要有所侧重于对农民利益的优先保护，尤其是对农民生存权的保障，确保农民获得合理的利益分配。这是构建和谐乡村治理体系的基础。

四、健全农村土地流转信息公开制度

在农村土地利用过程中之所以会产生利益冲突，其中一个重要的原因就在于信息的不对称。因此，政府应该出台相应文件来规范有关农村土地利用信息的公开，尤其要充分保障广大农民的知情权。同时要构建一个统一、开放、竞争、有序的农村土地承包经营权的流转市场，而中介组织作为投资人与农民之间利益分配关系的重要载体参与到土地流转市场中，理应得到政府的倡导和支持，从而实现农村土地的有效利用。

五、构建多层次的农村社会保障体系

在当下中国社会，土地资源依然是农民最主要的生产资料和最重要的生存保障，而只有建立完善的社会保障体系，才能使脱离土地的农民获得一种安全感，并逐步适应市场经济环境，从根本上将农民从土地的束缚中解放出来。因此，有必要构建中央和地方多层次的、覆盖广大农村地区的社会保障体系，以实现广大农民的最低生活保障，逐步消除土地的社会保障功能，从而促进农村劳动力市场的自由流通和农村土地的流转。这是乡村治理体系现代化

的基础保障。

以上五个方面的协同作用可以构建出一套针对农村土地承包经营权流转的社会治理机制,通过法律确定政府和农村集体经济组织在土地流转当中的角色定位,可以为代理人风险设立防火墙,并从限制政府权力的角度保障农民的权利,实现农民经济权利主体的独立化,解决在传统家庭联产承包经营责任制当中农民土地利用权利主体虚化的问题。而坚持依法、自愿、有偿和合理分配的原则,有利于调动农民参与农村社会治理的主体性和积极性,有利于二元土地所有制的条件下有效利用农村土地和缩小城乡差距,提供基础性的制度保障。而信息公开是以上述权利得以切实保障,使农民获得相对平衡的话语权的一个保障制度,也是真正健全农村土地流转市场,保障农村土地流转中农民和农村集体经济组织独立的经济主体的重要制度安排。但是,真正要解决农村土地所有权和农村土地利用权之间的二元分割和由此造成的城乡土地价值不均衡的问题,制度安排要实现农民的市民化和权利同等化,健全农村的社会保障体系,使农民不再依附于土地利用上,农业和工业一样成为一种职业,以市场需求作为一切行为的导向。法律的重要作用就是保障市场秩序和规范契约行为,如此才能够为乡村振兴和乡村社会治理现代化奠定坚实的基础。

第四章　农村社会有效治理的土地利用机制

——基于改革试点区域调查的实证分析

如上所述，土地集体所有权制度与土地家庭联产承包经营责任制在既定的法律框架下发生分离，土地利用形式随着城市化进程发生了比较显著的变化。然而，为了保持土地制度的稳定性，中央决定既有土地利用制度再延长30年，土地所有权制度则以《宪法》和《物权法》加以长期固定。这种稳定一方面实现了法律预期稳定的基本效果，对全面建成小康社会提供了稳定预期；另一方面却可能忽略了城市化进程和乡村振兴战略下发生的农民市民化和农村空心化等客观现象。① 这种状况显然不能满足乡村振兴的基本要求。2017 年,习近平总书记在十九大提出了全面实施乡村振兴战略,2018 年 5 月 31 日,中共中央政治局审议并通过了《国家乡村振兴战略规划(2018—2022 年)》。② 这张蓝图对土地制度、土地利用制度、乡村治理、农民地位提出了超越性的构想,直击长期存在的痛点。到 2012 年,中国城镇化率已经突破 50% 。中国城镇人口超过农村人口。然而,随着城市化进程的加快,城乡之间的差距也进一步扩大,农村社会的各种要素也逐渐实现了由静态到动态、由封闭到开放、由单一到多元的转变,诸多矛盾问题也凸显出来。③ 农村土地集体所有制下农村经济主体模糊不清;农村集体经济组织与村民自治组织混同;土地流转对土地所有权和农民土地承包经营权提出了新的要求,乡村社会治理现代化如何解决农民主体地位和参与性的问题。课题组围绕这些堵点难点以问卷调

① 近年来,我国农村城镇化发展规模不断扩大,其实自改革开放以来,“城镇化”便是我国社会发展的关键词:十六大提出“走中国特色的城镇化道路”;十七大补充道“按照统筹城乡、布局合理、节约土地、功能完善、以大带小的原则,促进大中小城市和小城镇协调发展”;十八大进一步指出“新型城镇化”;2012 年中央经济会议也指出,城镇化是我国现代化建设的历史任务,也是扩大内需的最大潜力所在,要积极引导城镇化健康发展。据统计,2013 年各省、市、自治区 31 份《政府工作报告》里,有 18 份提到“新型城镇化”道路。

② 此战略规划详细描绘了乡村振兴的蓝图:到 2020 年,乡村振兴取得重要进展,制度框架和政策体系基本形成;到 2035 年,乡村振兴取得决定性进展,农业农村现代化基本实现;到 2050 年,乡村全面振兴,农业强、农村美、农民富全面实现。并明确了实现乡村振兴的七条必须坚持的基本路径:重塑城乡关系,走城乡融合发展之路;巩固和完善农村基本经营制度,走共同富裕之路;深化农业供给侧结构性改革,走质量兴农之路;坚持人与自然和谐共生,走乡村绿色发展之路;传承发展提升农耕文明,走乡村文化兴盛之路;创新乡村治理体系,走乡村善治之路;打好精准脱贫攻坚战,走中国特色减贫之路。

③ 参见姜德波、彭程:《城市化进程中的乡村衰落现象:成因及治理——“乡村振兴战略”实施视角的分析》,载《南京审计大学学报》2018 年第 1 期。

查、现场访谈、数据分析等方式将成渝统筹城乡综合配套改革试验区作为重点调研对象，并选择其中比较成熟和有代表性的地区开展调查研究。我们的调查始终围绕本课题主旨展开，以农村土地利用为切入点，从二元土地所有权制度和农村经济主体两个层面收集资料，通过分析相应的材料和数据，去探寻农村集体土地利用制度变化所带来的影响，为新时代推动农村社会管理体系朝着现代化的乡村治理体系转变提供实证经验和理论验证。

第一节　调研基本问题

要想了解真实世界中上述问题是如何发生的、是否得到解决、如何解决，就需要于信息最充分之处寻找无解之解。简言之，典型地区呈现典型问题，典型问题需具有普遍性，针对典型地区的典型问题进行调查，能更大程度地保证调研的科学性。本课题从如下问题入手，以实地调研所得的资料为基础进行分析论证。

一、农村土地集体所有权问题

我国当前土地所有制制度的基本格局为：城市的土地属于国家所有，农村和城市郊区的土地，除由法律规定属于国家所有的以外，属于集体所有，即二元的土地所有制结构。但是，有学者认为，在现行的二元土地所有制结构下，虽然法律上规定了农村土地的产权为集体所有，但同时也对集体所有进行了种种的限制，“集体所有”实际上是一种严重残缺不全的权利。[1] 农村土地的集体所有

---

① 参见张千帆：《农村土地集体所有的困惑与消除》，载《法学研究》2012 年第 4 期。

制不仅没有给农民带来更大的收益,反而成为地方政府“致富”的途径。[①] 目前各界人士对集体土地所有权制度的改革有不同看法,主要有三种思路:一是取消集体土地所有权制度,实行农村土地私有化;二是取消集体土地所有权制度,实行农村土地国有化;[②]三是在保持目前农村集体所有权制度的前提下,完善并确定真正意义上的集体所有权。我们认为,对土地所有权的认识应当放在农村社会管理现代化的路径当中去思考,必须把由政府主导的农村社会管理与由农民为主体的乡村治理现代化的历史背景结合起来进行分析。按这种思路我们还是应当回到土地所有权制度和土地利用制度相分离对农村社会公共生活组织模式和农民权益的影响展开调查,并从乡村治理现代化的角度去思考农村土地集体所有权去留问题和土地利用的制度改革问题。

二、农村土地利用制度与形式问题

我国农村土地的利用比较复杂,土地为集体所有,且土地使用权受到严格限制,土地要素无法实现自由流动。土地利用的障碍主要表现在土地交易方面,即土地流转。因此,要实现农村土地的有效利用,就要从农村土地流转角度去观察土地利用问题。农村土地的流转主要包括两方面:一是农用地的流转,即土地承包经营权的流转;二是集体建设用地和宅基地的流转。农村土地流转作为推进城乡一体化改革的切入点,具有重要的意义,主要表现在:

---

① 有学者指出:“土地征收补偿款的分配格局是政府占60%~70%,村级组织占25%~30%,农民仅占5%~10%。”参见陈明:《农地产权制度创新与农民土地财产权利保护》,湖北人民出版社2006年版,第147页。

② 参见叶明:《农村土地国有化——解决农民土地保障的唯一出路》,载《理论参考》2013年第6期。

一是可以克服家庭联产承包经营责任制下小规模经营的局限性，实现土地的规模化经营，提高土地的利用率，取得规模经济效益；二是可以转变农村土地"得不偿失"的现状。[①] 一方面，进入土地市场交易可以实现农村土地价值的增值，进而增加农民的土地收益；另一方面，农民将土地流转之后，可以通过进城务工、经商取得除土地收益之外的工资性收入。随着现代化农业的产业结构调整，农村富余劳动力也可以向非农产业转移。

基于对将土地流转作为研究切入点重要意义的理解之上，我们就需要更为深入、具体地去剖析土地流转的各个环节。以下问题是无法回避的：如虽然根据《农村土地承包法》的规定，[②]土地承包经营权的流转方式主要包括出租、转包、互换、转让、入股五种，但是实践中土地流转主要采用哪些方式？而影响农民土地流转的因素又有哪些？土地流转后对农村的社会治理又有什么影响？由于土地流转的前提是土地的产权清晰，土地确权能否起到产权明晰的作用？农村土地农民集体所有权对于土地流转有哪些制约？作为土地权利人的农民集体如何享有土地的财产权？农村土地流转纠纷频发的原因是什么？政府在处理土地流转纠纷中扮演何种角色，对农村社会管理和乡村社会治理现代化有何影响？通过实

---

① 参见田宝玉：《农村土地流转中政府的角色定位与农民利益的保护》，载《农业经济》2004 年第 9 期；郎佩娟：《农村推动流转中的深层次问题与政府行为》，载《国家行政学院学报》2010 年第 1 期。

② 《物权法》第 128 条规定，"土地承包经营权人依照农村土地承包法的规定，有权将土地承包经营权采取转包、互换、转让等方式流转"。在《农村土地承包法》中有更为具体的规定，第 36 条："承包方可以自主决定依法采取出租(转包)、入股或者其他形式向他人流转土地经营权，并向发包方备案。"第 50 条第 1 款规定："荒山、荒沟、荒丘、荒滩等可以直接通过招标、拍卖、公开协商等方式实行承包经营，也可以将土地承包经营权折股分给本集体经济组织成员后，再实行承包经营或者股份合作经营。"

证调研回答这些问题，可以为我们研究土地利用制度变化与农村社会管理创新之间的关系提供支撑。

三、农村经济主体地位问题

农村集体经济必须通过能动主体的运作才能有效实现，故主体实施行动的效果是其中的关键。[①] 从制度层面来看，农村集体经济有效实现的主体主要包括农村集体经济组织及其成员。但是，法律上农村集体经济组织的组织形态、责任形式和法律人格等并没有明确规定，那么现实中农村集体经济组织应该采用何种组织形态？在《村民委员会组织法》及其他相关法律中规定，村民委员会可以依照法律的规定管理本村属于农民集体所有的土地和其他财产，赋予了村民委员会一定的经营职能。村民委员会作为农村的基层群众性自治组织是否适合承担集体经济组织的职能？故而，农村集体经济组织在现实中是如何运作的？它与村民委员会之间的关系如何？农村集体经济组织是否必须继续存续？这些都需要通过调研逐一厘清。

第二节　调查范围和方法

一、调查方法及其评估

为了增强调研成果的真实性和有效性，课题组采用了实地访谈、随机抽样、问卷调查、文献调研等方式展开调查。具体讲，我们选定了三个具有代表性的地区对受访农民、政府部门和村民委员

---

① 参见陈小君、高飞、耿卓：《我国农村集体经济有效实现法律制度的实证考察——来自12个省的调研报告》，载《法商研究》2012年第6期。

会相关人员进行问卷调查和访谈，整理访谈笔录 5 份，并在成渝统筹城乡综合配套改革试验区随机发放 1500 份问卷，共收回有效问卷 1489 份。然后结合已有的其他调查研究成果进行比对、借鉴和运用。问卷调查主要是通过调查者事先就调查内容编制成具体的问题，然后由被调查人员填写答案后进行回收整理、统计和研究，以便为课题提供最真实的信息资料。使用问卷调查主要在于其操作简便，节约时间，材料相对而言也更为真实，且便于整理统计。另外，此次调研问卷采用的均为无记名形式，这样可以与被调查人员更好地交流，以获得记名方式或公开访谈所不容易获得的有用资料。这也是选择问卷调查的缘由。但是，问卷调查也存在一定的局限性。首先，在实际调研中，经常会出现发出的问卷无法全部收回，或收回的问卷中由于被调查人员的理解不同等原因而导致问卷无效，从而影响调研结果的真实性和代表性。其次，问卷调查涵盖的问题涉及面较广，易导致获取的资料反映的现象可能处于表面，而不能反映更深层次的问题。最后，若问卷中设置的问题过多，可能会影响被调查人员的积极性；若问题过少，则会导致所获取的资料不能说明问题，进而影响整个课题研究的理论依据和结论的科学性。访谈方式在适用过程中，往往是发挥采访者的主观能动性，从被采访者的回答中，发现有异于原来访谈提纲的新问题，而进行追问。访谈的优点在于：一是不存在无法收回的问题；二是当面访谈，可以保证真实性和全面性；三是采用追问的方式，可以得到详细的数据，提高了调研的科学性。但是访谈花费时间较多，同时征得被访谈人员的同意以及保证访谈质量的访谈技巧都是需要考虑的问题。这些问题是问卷调查所不存在的。科学的调查方法确保了本课题研究的科学性，较为全面的调查视角对本课题研究主旨提供了很大的帮助。

那么农村集体经济组织与村民委员会之间到底是何种关系?两者是否相互独立?如不独立,村民委员会代行集体经济组织职能的效果如何?是否需要设立独立的集体经济组织?对农村社会管理有何影响?为了回答这些问题,在对村民委员会和农村集体经济组织进行访谈时,有针对性地问及了相似的问题,比较两者回答,以更客观地了解真实情况。特别是对两者回答不同的地方进行深入的分析,归纳其原因,甚至以此为线索探究深层次的因素,以此得到课题所需的结果。

二、调查范围及其典型性

为了最大限度地发挥问卷调查和访谈调查的优势,在调查开始前,课题组对调查内容进行充分的准备。首先,通过各种途径收集相关问题的已有研究成果,包括对既有的关于农村土地制度的政策、法规等文献资料进行收集、分析和总结;对新中国成立以来我国农村土地制度的变迁过程进行梳理,试图发现土地利用形式的变化与农村经济发展之间的因应关系,整合相关理论以寻求理论支持,并与实地情况相结合,更好地将现实状况上升为理论分析的对象,为后期的问卷和访谈提纲的设计奠定了基础。其次,在已有文献的基础上,选取C市A区、B区和D市M市作为此次实地调研的主要区域。一方面,A区和B区作为农村产权制度改革首批试点区,对土地制度创新进行了深入的探索,率先完成了土地的确权颁证工作,对农村产权制度的改革进行了探索。另一方面,A区和B区作为城市的近郊区,是土地利益矛盾最为敏感和集中的区域。第一,城郊土地利用中的产权制度改革可能会引发社区内部的利益冲突。第二,为实现城市扩张和工业发展而对城郊土地进行征用,可能会诱发社会矛盾。第三,社会矛盾容易对农村社会管理导致影响。此外,城郊土地利用的过程中会涉及外来资本的进入以及非户籍人口的进入，催生多元化的利益阶层和社会组织，也造成土地利用形式的多元化发展。再一方面，D 市 M 市距离大城市较远，又属于汶川地震灾后重建的具有典型意义的地区，该地区样本比较丰富，包括传统的农业区、旅游区，现代的工业区，灾后重建和精准扶贫的集中安置区，涵盖了经济较发达，产业较传统的区域，也涵盖了山地、丘陵、平原等地区。因此，选取 A 区、B 区和 M 市作为此次调查区域具有典型性，既可以准确而深入地考察农村土地法律制度，特别是土地所有、土地承包经营权及其流转等相关制度的运行情况，又可以厘清制度运行中存在的问题，同时还能了解农民对农村土地制度涉及内容的客观认知、对完善农村土地制度的意见建议等真实想法。其中，D 市 M 市重点作为乡村振兴中自治、德治和法治融合的观测对象，这对于找到农村土地法律制度问题的症结及其对乡村振兴社会治理的影响具有重要意义。

第三节　基本情况

一、农村土地所有权和利用权主体认知模糊[①]

根据《土地管理法》的规定，农民集体土地所有权主体的表现形式分为三种，分别是村农民集体、村委会农民集体以及乡（镇）农民集体。[②] 理论上，农村土地的归属是明确的，可是，调研中了解

---

① 参见刘道远、谭奕和：《土地征收中集体土地权利研究》，载《法学杂志》2007 年第 3 期。

② 《土地管理法》第 10 条规定：农民集体所有的土地依法属于村农民集体所有的，由村集体经济组织或者村民委员会经营、管理；已经分别属于村内两个以上农村集体经济组织的农民集体所有的，由村内各该农村集体经济组织或者村民小组经营、管理；已经属于乡（镇）农民集体所有的，由乡（镇）农村集体经济组织经营、管理。

到，关于农村土地权属的争议经常会出现，从实际有效问卷的统计结果来看，61.1%的承包地纠纷主要发生在农民与农民之间，25.7%的承包地纠纷发生在农户与村民委员会之间；13.2%的承包地纠纷发生在农户与乡镇政府之间（见表4－1）。特别是在农户之间，由于历史原因，有的农户多年没有亲自耕种土地，其土地实际由本村其他村民在进行耕种且耕种多年，甚至别的村民都认为这个地是耕种人的。这对土地重新确权时造成麻烦，出现产权登记和实际使用人不符。虽然在法律上承包经营权仍属于原来的承包经营权人，但实际耕种人往往会有抵触意见。

表4－1　承包地权属争议主体发生概率　　单位：%

主体划分	农民之间	农民与村委会	农民与乡镇政府
承包地纠纷发生概率	61.1	25.7	13.2

（一）农民对土地权属的认知度

上述问题主要缘于农民对农村土地归属的认知度不够。在对A、B两区农民进行调查走访过程中，面对“您认为集体土地的所有权是谁的？”这一问题时，A区中有46.3%的农民认为该所有权为国家所有，超过了认为是乡（镇）集体、村委会以及村小组的总和，而B区的比例更高，认为国家所有的超过了总数的一半，如表4－2所示。

表4－2　农民对集体土地所有权主体的总体认识水平　单位：%

	国　家	乡（镇）集体	村委会	村小组	农民个人	其　他
A区	46.3	9.8	12.5	15.6	15.8	0
B区	51.2	7.5	21.7	10.4	9.2	0

以上数据表明，农民对集体土地所有权归属的总体认识与法律规定相差甚远。这主要是因为目前我国农民集体土地所有权

制度中对主体定位模糊不清。按照《宪法》第10条第2款的规定,“农村和城市郊区的土地,除由法律规定属于国家所有的以外,属于集体所有”。因此,按字面意思农村土地所有权的主体应该为集体。那么,这里便出现一个问题,即这个整体是由许多农民个体组成还是由多个由家庭组成的群体构成?另外,对“农民集体”的定性在法学界一直存有争议,由于目前我国的法律并未明确规定农民集体土地所有权的主体,实际操作中出现所有权主体缺位现象,造成农村土地集体所有权虚化,农民土地利用权益也无法得到真正保护,农民对所有权主体认识不清也在情理之中。

(二)农民在承包经营权调整中的参与意愿

农村土地集体所有权以私权的性质而存在,土地承包经营权是在其基础上的一种用益物权。通过前期调查,我们发现在A、B两区和M市内都有土地承包经营权内部调整的现象。然而,私权利的行使是否需要公权力的介入?《农村土地承包法》第28条具有明确解释。① 立法虽然赋予了政府对集体土地承包经营权调整的管制权,但是没有明确限定管制权的界限,这在一定程度上也使农民对国家与集体界限认识模糊。因此,我们调查了农民在土地承包经营权的调整活动中的参与度,结果显示绝大多数受访农民都认为农民在承包经营权的调整中应该享有自治权,即需要通过村民代表大会的集体通过方可进行调整;同时,大部分受访农民都

① 《农村土地承包法》第28条第2款规定:“承包期内,因自然灾害严重毁损承包地等特殊情形对个别农户之间承包的耕地和草地需要适当调整的,必须经本集体经济组织成员的村民会议三分之二以上成员或者三分之二以上村民代表的同意,并报乡(镇)人民政府和县级人民政府农业农村、林业和草原等主管部门批准。承包合同中约定不得调整的,按照其约定。”

认为不能让发包人单方面行使承包经营权的调整权。另外，也有40.3%和41.2%的受访农民认为承包经营权的调整需要政府的介入，如表4－3所示。但在具体访谈中，当问及农民认为政府哪些该管，哪些不该管的时候，农民的回答是模糊不清的。以上数据说明，农民在针对承包经营权的调整上趋于村民自治的基础上，也认为政府的介入不可或缺，因此，这就容易出现农村土地集体所有权的主体由政府取代农民集体，导致农民对所有权主体上的认识出现偏差现象。

表4－3　承包经营权调整中的农民参与意愿程度　　单位：%

	发包人	发包人＋村代会	发包人＋政府	发包人＋村代会＋政府
A区	5.2	38.7	15.8	40.3
B区	3.7	45.8	9.3	41.2

（三）农民对所有权主体的期望

由于我国目前的农村土地集体所有权制度，未能很好地保护农民对土地的利益，因此，出现了各种对土地集体所有权的改革建议。基于此，本次调研中调查了农民对集体土地所有权主体的期望值，以期对优化相应制度提供参考。从实际数据来看，农民对土地集体所有权归属于农民个体分别占到了40.3%和37.5%，而认为应该归属于集体的比例却并不高，如表4－4所示。

表4－4　农民对土地集体所有权主体的期望值　　单位：%

	国　家	乡（镇）集体	村委会	村小组	农民个人	其　他
A区	22.4	6.8	19.3	11.2	40.3	0
B区	17.7	10.4	25.9	8.5	37.5	0

通过对调查所得数据、访谈内容的分析可知，目前作为正式制

度安排的农村土地集体所有权制度在农民中的认同度低，而实行效率不高与所有权本身的缺陷有直接关系。

二、农村土地利用程序不规范、配套保障不到位

随着我国城市化的不断推进，越来越多的学者关注二元土地所有制下农村土地利用的困境，以家庭联产承包经营责任制为基础的土地流转，在“三权分置”改革推进以后仍然没有大的突破，不仅农村土地利用效率难以提高，农民利益也受到了损害。因此，本次调查问卷围绕农村土地流转的现状特别设计了几个相关的问题，想要从中发现目前在农村土地利用中可能出现的问题。

（一）土地承包经营权的流转程序不规范，存在争议风险

调研过程中，我们首先调查了A区、B区是否存在土地承包经营权的转让行为。数据显示A区有27.4%的受访农民表示存在土地承包经营转让行为，B区的该项比例达到33.6%（如表4-5所示），这表明目前土地承包经营权转让比例并不高。M市在乡村振兴过程中大力推行创新举措，通过农交所、公证、律师为“三权分置”后闲置的农房及其宅基地使用权进行流转，取得了一定的效果，这种方式被描述为“三书模式”，也就是通过出具公证文书、律师法律意见书、合同书，将所交易的宅基地使用权和农房使用权以法律的手段固定下来，然后到农交所去进行交易，盘活农村闲置的资产。

表4-5 农民对土地承包经营权流转的认知水平 单位：%

	存在	不存在	不清楚
A区	27.4	69.8	2.8
B区	33.6	57.6	8.8

进一步调查发现，在回答获得他人土地承包经营权的途径时，A、B两区分别有54.5%和30.2%的农民认为可以通过村委会联系获得他人土地承包经营权，分别有21.5%和49.6%的农民认为可以通过直接的个人联系获得，如表4－6所示。从上述数据来看，土地承包经营流转中，B区大部分农民是通过自愿的方式与独立的个体进行转让的，但是，A区大部分却是由农村集体经济组织来联系的。这主要是因为A区属于城市化比较充分的地方，要进行大规模的土地开发。一般情况下，企业经营一个项目需要几百亩甚至是更多的土地，企业与每个农民进行直接谈判的成本过高，因此大多数农民将自己的土地承包经营权交由集体经济组织代行流转，而不是各自独立地进行流转。流转的标准，统一由集体经济组织与企业进行谈判，但需要经过农民同意。但是，在M市调查当中我们也注意到，“三书模式”针对的不仅是宅基地使用权，还包括闲置的农房的使用权，甚至是所有权，这种方式如何在农村土地集体所有权的基础上将承包权和经营权分置以后进行形式更多样的流转，更大范围地解放农村土地的利用价值，同时还要避免出现商业资本兼并农村土地的现象，仍然是一个值得研究的问题，因此，在这个领域的举措仍然占比不高。

表4－6　获得他人土地承包经营权的途径　　单位：%

	村委会联系	直接个人联系	两种都可以	不知道
A区	54.5	21.5	19.3	4.7
B区	30.2	49.6	15.6	4.6

那么，在实际转让过程中，转让方是否会向受让方收取一定的补偿金？针对此问题，A区有25.3%的受访农民表示会收取补偿金，有33.3%的农民表示不会收取，还有41.4%的农民选择其他。

B 区中有 31.5% 的受访农民表示会收取补偿金，有 47.7% 的农民不会收，还有 20.8% 的农民选择其他，如表 4－7 所示。通过访谈发现，A、B 两区的农民在收与不收之间的比例相当，这说明存在一种潜在现象，即由于农业生产收入不高，从事农业生产的农民会存在贴钱的现象，也就是说，土地不但不能带来收益，反而成为农民的一种负担。另外，也有相当比例的人选择其他，深入询问后发现，其他无非分为两种，一种是视双方关系而定，另一种是视农业生产收入而定，客观上这也印证了前面的猜想。同时，双方对收取补偿金的形式过于自由也是流转中产生纠纷的隐患之一。特别是在城市化迅猛发展的环境中，大量的农村人口进城务工，大量的农业资产闲置和土地撂荒，在缺乏劳动力对土地和农业资产进行利用的情况下，双方并没有在意是否需要用协议来固定土地的利用问题，很少对补偿金进行明确的约定，这为土地利用带来了不确定性，所以当前的土地经营权转包、转让、出租、互换等土地利用形式存在潜在的法律争议风险，容易形成短期行为，不利于农业的发展、乡村生产能力的激活，乡村治理能力很难得到真正的提升。

表 4－7　经营权转让时是否会收取补偿金　　单位：%

	会	不　会	其　他
A 区	25.3	33.3	41.4
B 区	31.5	47.7	20.8

国务院批转农业部《关于稳定和完善土地承包关系意见》明确规定，土地承包经营权的流转方式包括转让、转包、出租、互换、入股等五种方式。但调研发现，除了上述五种方式以外，还存在抵押的方式。A 区除了入股外，其余几种形式比例平均，说明该区的农民收入较为稳定，并且不以土地流转的收入为主要生活来源。另

外,深入探访发现B区主要通过“两股一改”①将农村传统的集体经济组织改为农村股份经济合作社。因此,该区农民主要采取入股的形式进行土地流转。但是,入股也会带来两方面的风险,其一,由于现在农村政治精英和经济精英的高度重合,村干部和股份经济合作社主要管理人员的多重身份重合,存在村民委员会的双重代理风险。其二,由于股份经济合作社的股权分布零散,加之长久以来农民对社区的公共事务和公共利益缺乏兴趣和责任,不利于形成有力的监督机制,所以内部人员控制成为股份经济合作社的重要风险。B区以出租与转包的形式较为常见,分别有80.1%和43.6%的农民认为其存在,如表4-8所示。这显示该区农民的选择较为理性,由于在外务工存在不确定和经营的风险,因此,他们选择出租和转包就是希望在从事兼业遇到困境时可以在短时间内收回自己拥有的土地承包经营权,但这种方式给受让方带来了不确定性的风险。另外,在这些区域,也有少部分的农民实行抵押的方式,原因在于根据《担保法》《物权法》中对土地使用权的规定,可以设定抵押的只有“依法承包并经发包方同意抵押的荒山、荒沟、荒丘、荒滩等荒地的土地使用权”“以乡(镇)、村企业的厂房等建筑物抵押的,其占用范围内的土地使用权同时抵押”,因此,家庭承包的土地经营权、村镇企业建筑物占地以外的集体土地使用权、农民的房屋等均属不得抵押的范围,特别是农民房屋,因为宅基地属于禁止抵押范围,且法律规定房屋抵押和所占土地的抵押不能分离,因此,农民房屋也属不得抵押范围,农民可供抵押的范围大大缩小。

① “两股一改”主要涉及三个方面的内容,即集体资产股份化、集体土地股权化以及原有的农村集体经济组织的改造。

表 4－8　土地承包经营权流转的存在形式　　单位:%

	出　租	转　包	转　让	互　换	入　股
A 区	19.8	37.9	22.5	27.8	69.3
B 区	80.1	43.6	35.9	19.7	25.7

土地承包经营权流转的过程中,流转的程序直接影响农民的利益,因此,课题组针对流转的程序也进行了问卷调查,从反馈的数据来看,大部分的土地承包经营权流转不需要集体的同意,并且一般都没有书面合同,这是因为受流转规模、流转对象、流转成本等因素的影响,但是,当遇到流转规模较大抑或是承包经营权以集体规模的形式进行流转时就需要集体的同意,并且签订书面合同,如表 4－9、表 4－10 所示。

表 4－9　流转中是否需要集体同意　　单位:%

	需　要	不需要	不清楚
A 区	15.2	77.2	7.6
B 区	11.4	74.5	14.1

表 4－10　流转中是否需要签订书面合同　　单位:%

	需　要	不需要	不清楚
A 区	17.2	80.5	2.3
B 区	13.4	84.9	1.7

通过上述数据分析,可以发现在 A、B、M 区域内,农村土地承包经营流转的程序不够规范,并受规模、对象、成本等因素的影响,这些都是潜在的风险因素,并且由于管理和约束不到位,容易造成农民对流转程序的不规范,最终使自己的利益受损。土地流转不规范是土地利用不规范的一种类型,表面上看,损害的可能是农民

个体利益,实质上损害的是农村土地利用制度,而农村土地利用制度与乡村社会治理紧密联系,这也影响了乡村振兴战略的实施和乡村治理现代化能力的建设。

（二）土地征收、征用成为影响农村社会矛盾的重点问题

《宪法》第10条明确规定:“国家为了公共利益的需要,可以依照法律规定对土地实行征收或者征用并给予补偿。”这里对征收征用明确限定了条件,即“为了公共利益的需要”。土地征收和征用直接引起农村土地所有权和使用权的改变,既关系到农民的切身利益,也关系到农村集体经济的转化与否;既关系到农民身份的市民化,也关系到农村社会管理的主体地位,因此,土地的征收和征用问题在我国农村土地制度变化中的作用举足轻重,是决定农村土地利用制度及其实施方式的两项法律制度。因此,课题组对A、B两区的土地征收和征用情况及其对农村社会管理的影响展开深入调研。对A、B两区的农民对是否存在土地征收或征用进行问卷调查,数据显示A区有72.3%的人选择存在,B区有68.5%的人选择存在,表4-11表明,土地征收、征用现象成为普遍现象,表明随着城市化的推进,征收和征用现象已非常普遍。

表4-11　是否存在土地征收、征用现象　　单位:%

	存　在	不存在	不清楚
A区	72.3	19.7	8
B区	68.5	21.6	9.9

当受访农民面对“是否清楚何为公共利益”的问题时,答案令人吃惊。数据显示,A、B两区的农民完全不清楚“公共利益”的比例竟然高达76.9%和70.5%,如表4-12所示。究其原因除了宣传不到位,农民缺乏认知外,最重要的原因便是在城市化的进程

中土地财政成为地方政府发展经济的方式之一，特别是房地产开发和公共设施建设都需要大量的土地，公益目的和商业目的混杂在一起，农村集体土地不断地通过征收转变为国有土地，再将其出让给开发商，地方政府获取了巨额的土地级差收入。虽然一方面加快了地方建设和经济发展，但是，农民的土地承包经营权受到了严重的侵害，有些地方打着“公共利益”的幌子，通过信息不对称模糊农民对“公共利益”的理解，以此达到低收高卖的目的。在此过程中，集体经济组织或者村民委员会并不完全代表农民的利益和农民的权利，甚至成为促进土地征收、征用的合谋者，这有可能降低村民委员会对农民进行组织的自治功能，也可能降低农民对集体经济组织的信任感，从而导致基层社会管理的弱化。而乡村振兴的核心要义就在于通过法治、德治、自治的方式把基层的民众组织起来，夯实基础社会的治理基础，提升基层社会的治理能力，为乡村振兴注入强大的动力，为全面依法治国奠定坚实的基础。

表 4－12　农民对“公共利益”的认知程度　　单位：%

	完全清楚	清　楚	完全不清楚
A 区	4.5	18.6	76.9
B 区	2.1	27.4	70.5

农民在面对“是否全程参与土地征用、征收过程”问题时，数据显示的结果是令人欣慰的。例如 A 区，有 63.2% 的人全程参与了征收、征用过程，即使因为客观原因没有全程参与的，也有 29.5% 的部分参与，参与的比例超过总数的 90% 。深入调查其具体的流程发现，A 区在征地的这个过程有很严格的征地流程，包括公告、听证、村民代表同意签字、报征、国土资源部批准、补偿、人员安置

(包括住房安置和奖励)等。而B区也有70.4%的人参与了全程,他们的流程是:取得征地批复—张贴公告—政府实施审批—进行人员安置补偿。另外,征地过程中会安排农民进行听证,确保农民的参与权和决策权,而征地补偿标准会广泛征求农民意见,主要是参照C市征地拆迁的政府令,如表4-13所示。

表4-13　是否全程参与土地征用、征收过程　　单位:%

	全程参与	部分参与	没有参与
A区	63.2	29.5	7.3
B区	70.4	22.8	6.8

对于农民来说,土地征地过程中与他们息息相关的是征地补偿费用,关于补偿费用发放是否及时,两区的完全发放比例都没过半,如表4-14所示。

表4-14　补偿费用发放是否及时　　单位:%

	完全发放	部分发放	没有发放
A区	44.6	29.8	25.6
B区	42.5	37.5	20

另外,由于各个地区实际情况不一样,在实际补偿中,其衡量的标准也不一样,而A、B两区农民对于各自的补偿标准是否清楚呢?从反馈的数据来看,A区的农民完全清楚补偿标准的比例还不到一半,相比来说,B区就要好很多,达到了62.7%,如表4-15所示。通过进一步深入调研发现,B区在对征地补偿中分两步走,一是未涉及集体土地征用的补偿;二是涉及集体土地被征用的量化,并且针对两种不同情况进行明确划分和界定,因此,农民一目了然。

表 4－15　补偿标准认知度　　单位：%

	完全清楚	清　楚	不清楚
A 区	45.7	37.2	17.1
B 区	62.7	24.5	12.8

针对上述的数据分析，目前征地过程中主要存在补偿费用少，发放不及时，补偿标准不一，征用程序不规范等一系列问题，这成为农村因为土地所有权变化和土地利用产生争议的主要原因，处理不好将影响农村社会的稳定，成为治理的重点问题。

三、农村经济主体身份模糊，集体经济组织运行不畅

农村集体经济有效实现和发展依赖于确立适格主体，①从制度层面看，农村集体经济的主体主要有农民集体经济组织及其成员。农村集体经济组织在实践中主要有三种形式：一是村民委员会代行集体经济组织的职权，作为基层群众性自治组织实行自治管理。② 二是农民专业合作社，由《农民专业合作社法》赋予了法人主体资格。该法第 20 条规定，农民专业合作社的成员中，农民至少应当占成员总数的 80%。三是各种农业协会，此类协会主要是社团法人，归民政局及相关业务部门指导。与此同时，作为独立的民事主体，农民理应成为集体经济法律关系中的主体，但由于家庭联产承包经营责任制的实施，家庭成为了主体，农民在农村集体经济

①　参见高飞：《农村集体经济有效实现的法律制度运行研究——以湖北省田野调查为基础》，载《农村经济》2012 年第 1 期。

②　《村民委员会组织法》第 2 条第 1 款、第 2 款规定："村民委员会是村民自我管理、自我教育、自我服务的基层群众性自治组织，实行民主选举、民主决策、民主管理、民主监督。村民委员会办理本村的公共事务和公益事业，调解民间纠纷，协助维护社会治安，向人民政府反映村民的意见、要求和提出建议。"

中的地位模糊了。

(一)农村集体经济组织的职能主要由村民委员会代为行使

对于“是否存在独立的集体经济组织”这一问题,A 区有 23.6% 的受访农民反映其所在村具有独立的农村集体经济组织,B 区则只有 14.7% 的受访农民表示其所在村具有独立的农村集体经济组织,如表 4-16 所示。也就是说,大部分农民认为本村不存在独立的农村集体经济组织。

表 4-16 农村集体经济组织的独立性 单位:%

	存 在	不存在	不清楚
A 区	23.6	75.5	0.9
B 区	14.7	84.7	0.6

可见,农村集体经济组织的独立性法律地位并没有在农民当中得到应有的认同。而在访谈中,受访者基本认为农村集体经济组织与村民委员会的功能重合。但是,受访农民普遍表示,无论是否在村民委员会之外另行设立独立的集体经济组织,都必须将农村社区的经济职能和社会职能分开。因此,如果没有农村集体经济组织,就需要在现行村民委员会体制下成立专门部门独立负责农村社区的经济事务。

农村集体经济组织普遍由村民委员会代行农村集体经济组织的职能。大部分受访农民认为,农村集体经济组织主要的作用是加强道路、水利设施等公共事业建设以及改善农村的文化、教育、环境卫生等公益设施两方面,比例分别有 97.6% 和 93.4% 。另外,也有 80.3% 的受访者认为,村集体在提供社会保障资金,包括医疗、养老、失业保险等方面发挥了作用。不过,对于“适当补贴失地、无地农民”、“为本村集体成员提供就业机会”和“为农户的承包经营提供服务”三个方面,受访者的认可度相对而言不是很高,比例只有34.2%、45.6%和42.4%。可见,受访者普遍认为村集体在管理本村的公共事务的社会职能时发挥了作用,但是,涉及经济经营职能时,发挥作用则不是很大。同时,认为“村民委员会行使集体经济职能”的效果“较好”、“一般”和“不好”的农民分别有44.3%、49.2%、4.5%。可见,多数受访者对村民委员会行使有限经济管理活动是持肯定态度的。或许,这与在农村尚难找到比村民委员会这类代行农村集体经济组织经济职能更合适的主体有关。村民委员会代为行使农村集体经济组织职能的方式,在一定程度上促进了农村公用事业和公益设施建设,但是,“政社企”合一的模式,弱化了农村集体经济组织独立的法律地位和职能,又降低了农村集体经济组织职能发挥的效果,同时,分散了村民委员会管理农村社会事务的精力,已经不适用于新时代乡村振兴社会治理现代化的需要。

表4-17 村民委员会行使集体经济职能的效果 单位:%

	较 好	一 般	不 好
A区	39.3	55.2	5.5
B区	42.2	53.2	4.6

对于“基层政府对农村集体经济组织行使职能(如调整承包地、决定征地补偿分配方案、经营村办企业、招商引资等)”不当干预程度这一问题,A区认为“较多”的受访农民仅有8.9%,认为“较少”的受访有23.3%,而认为“没有”的受访农民则有67.8%,如表4-18所示。这从另一方面也反映出多数基层政府在农村集体经济发展过程中依法行政,有利于农村集体经济组织正常行使经济职能,促进农业良性发展、农村持续稳定。

表 4-18　基层政府对农村集体经济的不当干预程度　单位:%

	较　多	较　少	没　有
A 区	8.9	23.3	67.8
B 区	7.5	25.8	66.7

另外,数据显示目前农村主要存在三种决策结构,即村民代表大会、村民议事会、股东代表大会。这也是调研地区在村民委员会基础上探索出的一种创新机制。实践中,对涉及集体土地流转利用、村公共事务管理等关系农民权益的事项,首先要由村民议事会提出议案,然后报村民委员会和社区,社区和村民委员会受理后召集村民代表大会进行表决,最后报村民委员会和社区审批。但是,三者的成员之间基本上是重叠的,而农村集体经济组织在进行决策时主要是通过股东代表大会表决,这就导致了集体经济组织的决策权不够独立,且在部分地区还存在虚置的情形,同时也反映了"政经不分""村企不分"的现象确实存在。为此,M 市探索建立了村民议事厅和议事规则,以确保村民委员会的决策事项和农村集体经济组织的决议事项能够科学地分置,目前取得了一定效果。

(二)农村集体经济组织的运行状况

本次的调研区域对传统农村集体经济组织(农民专业合作社)进行了不同方式的创新。其中 B 区的具体做法为:在完成集体资产股份化、集体土地股权化的基础上,按照现代企业制度的原则,将传统的农民专业合作社改造为股份经济合作社,以满足当前农村经济的发展和农民对增收的需求。股份经济合作社成员持有集体资产股和土地受益股,对集体资产和集体土地根据"按份共有"享有明晰的产权,并按股份进行分配,形成适合市场经济发展需要的自主经营、自主管理、资源共享、风险共担的新型合作经济组织与运作机制。M市充分利用自身的旅游资源比较丰富的特点，以共享共建的方式成立了民宿专业合作社，比较好地将农村的经济发展和社会治理结合起来，整个民宿的管理由合作社通过集中的平台进行，民宿的收费标准和管理方式都统一设定，合作社的成员按同一个标准来规范经营，农民的参与积极性也比较高，从环境卫生到社会秩序再到公共设施的维护都取得了比较好的效果。

但是，在调研中了解到，现有的股份经济合作社无法到工商行政管理机关登记，无法以股份经济合作社的名义在银行开立账户，也不能履行纳税义务。土地经营、商铺出租等所得，只能由交易对象转账至农村社区账户，再由社区账户将股份分红通过股份经济合作社财务部门分配到农民手中。也就是说，现行的农村股份经济合作社在实际中并不具备相应的法人主体资格，在签订合同等经营活动中，均需要加盖社区居委会的公章，作为民事责任的最终承担者。否则，交易对象不愿与其签订合同。同时，现行的股份经济合作社仅仅是增加了一块牌子，其董事会、监事会、管理层成员均是由社区"两委"人员充任。换言之，其仍然未能有效地实施政经分离，出现了职能混淆、模糊的情况。关于股份经济合作社的优势，受访者普遍认为主要表现在以下两个方面：一是使村民的社会分工更加细化，有能力、有学历的人进入董事会、监事会、管理层，能力和学历差一些的人可以到股份经济合作社工作，使按劳分配与按能分配两种方式并存；二是有效地促进了农民增收，相对于公司、个体工商户、合伙企业等市场主体来讲，股份经济合作社的土地资源、人力资源丰富，实现整合后，能够壮大和充实农村经济主体，并能有效地对接市场，有力地促进了农民增收。对于农民普遍关心的农村股份经济合作社风险防范的和经济责任问题，通过与股份经济合作社相关负责人的访谈可知，现行的做法主要有：一是在股份经济合作社每年度经营中提取10%～20%的风险金，专门用于支付债务；二是当出现不能清偿到期债务时，股份经济合作社可以通过出租土地、联营等招商引资的形式，引入资金，清偿到期债务；三是股份经济合作社、“两委”会介入，追究董事会、监事会、管理层相关人员的责任。但值得注意的是，股份经济合作社承担债务能力有限，并且容易把经济风险带入社会治理领域，提升其抗风险能力是改进社会治理能力的有效途径。而采用共享共建模式的专业合作社存在金融支持不足的问题，对于进一步提升集体经济的质量存在“瓶颈”，而且如果承担的社会治理任务过重，将增加其发展经济的负担，同时，基层治理当中对于合作社成员的教育极其重要，教育成本由谁来负担需要进一步明确。

（三）村集体经济组织成员资格认定标准不统一

农民作为农村集体经济组织成员享有法定的成员权，包括集体事务决策的参与权、集体收益的分配权等。在农村土地利用上，则表现为以土地集体所有权、承包经营权和宅基地使用权、集体建设用地使用权等物权形式拥有土地财产权。因此，农村集体经济组织成员资格对保障农民的利益至关重要，但它在现实中与村民本身的资格并不同步，我们就对于取得本村集体经济组织成员资格的标准问题进行了调查，结果显示分别有99.8%、78.3%、83.4%和85.0%的受访农民认为，“拥有本村户口，属于本村的村民”、“长期居住在本村”、“对集体经济组织作出过贡献”和“依据其他条件，经成员大会决议通过”等情况，应当可以作为取得本村集体经济组织成员资格，具体数据如表4－19所示。

表 4－19 集体成员资格的认定标准 单位:%

	拥有本村户口	长期居住在本村	对集体经济经济组织作出过贡献	其他条件
认可比率	99.8	78.3	83.4	85.0

由于农村的情况较为复杂,需要综合考虑不同的情况,故而在农村的实际做法中,通常并不是以某个为唯一的标准,因为每一个标准都有其偏颇的地方。例如,本村刚娶进来的媳妇,按照前三个标准,其不属于农村集体经济组织成员,但是,依据农村的风俗习惯,这种认定结果显然不符合村民的要求,因此就需要通过成员大会进行表决,只要有三分之二的成员通过,其就应当成为集体经济组织的成员。没有通过成员大会的情况该如何认定? 属于法律上的空白。但在一般情形下,农村村民与集体经济组织成员之间的关系并不是对等的,集体经济组织成员一定是本村村民,但是本村村民则不一定是集体经济组织成员。对于农村股份经济合作社,在访谈中得知,其成员资格的取得分为原始取得、法定取得(婚姻取得、户籍取得、收养取得和移民取得)、申请取得。从法律规定看,要想加入集体经济组织成为其成员,须向该集体经济组织提出书面申请,经其成员或户代表大会三分之二以上的多数表决通过并确认签字,同时缴纳一定数额的公共积累。这与受访农民的意思表示基本上是一致的。

对于农村集体经济组织成员资格丧失的情形,大部分受访农民表示国家法律或是地方性法规中应当明确规定。具体的资格丧失依据则可以有集体成员死亡(95.7%)、转为城镇居民并取得城镇社会保障(83.8%)、自愿申请退出集体经济组织(84.2%)、出嫁或高校毕业后落户外地(65.3%)、集体经济组织依法解散(85.3%)等,如表 4－20 所示。可是,在实践中对于农村集体经济组织成员资格的丧失情形并没有法律法规明确规定。

表4-20　集体成员资格丧失标准　　单位:%

	集体成员死亡	转为城镇居民并取得城镇社会保障	自愿申请退出集体经济组织	出嫁或高校毕业后落户外地	集体经济组织依法解散
认可比率	95.7	83.8	84.2	65.3	85.3

从调查看,本村户籍依然是农民集体经济组织确定集体成员资格得失的主要标准。在农村股份经济合作社章程中,明确规定成员资格丧失的情形主要有:户口迁出的,自然死亡的,依法宣告死亡的,以书面形式自愿放弃资格的,义务兵和士官服役期间提升为军官的,服役期间留在部队当士官10年以上的,大中专院校学生毕业后户口落户外地的,被国家机关、事业、国有企业、群团组织、民主团体正式招、录、聘的,集体经济组织依法解散的等。从农村社会治理的角度来看,是否具有成员资格对其在村民自治组织中的权利义务的行使是有一定关联的,在推进乡村振兴的过程当中,随着"三权分置"的实施和农民市民化的推进,这个问题可能会更加突出,必须从制度上予以明确。

(四)农村集体经济组织成员的权利体系不完善

对于集体成员的权利,大部分的受访农民认为成员应享有"选举、监督、罢免农村集体经济组织管理者的权利""参与集体事务表决权""集体收益的分配权",比例分别为97.6%、93.2%、91.4%;同时,受访者也普遍主张,集体成员还应享有诸如"从集体获得社会保障、补贴""对侵害集体利益的行为提起诉讼"等其他与农民利益相关的权利。但受访农民中认为实际享有上述权利的比例分别为86.2%、83.4%、74.7%,对比可见,农民享有的权利与农民期望获得的权利之间还是存在一定差距的。从另一个角度也可以说明,农村集体经济组织在保护农民作为集体经济成员的经济权利方面还尚不完善,如图 4 - 1 所示。

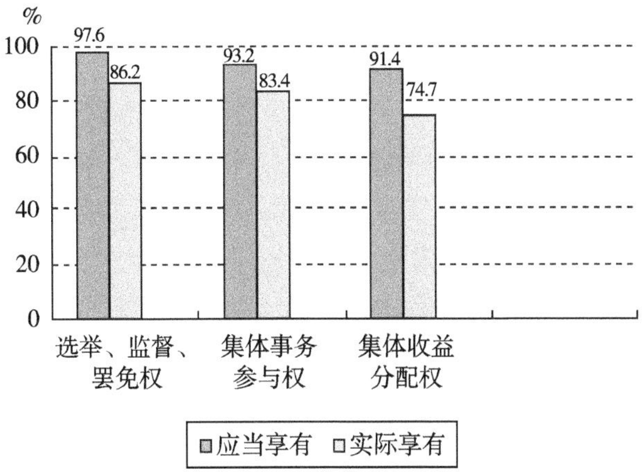

图 4 - 1　农村集体经济成员的经济权利

调查数据表明,集体经济组织成员的权利体系不完善,由此产生了两个方面的问题,一方面导致经济权利不能够得到充分的保障;另一方面对于参与乡村治理的激励不足。因此,就法律制度而言,除了要满足乡村治理的村民资格认证的政治权力,还得满足农村集体经济组织成员的经济权利,从这个角度上来说,乡村治理和乡村振兴是一块硬币的两面而已,必须同步加以推进。

第四节　小结

土地流转和农村集体经济法律关系的主体对于农村社会管理具有决定意义,因此,我们围绕土地利用及其对乡村治理影响展开调查,并进行了大量的文献分析和问卷分析,所涉及的问题基本上涵盖了具有典型性的相关热点问题,所选取的 C 市 A、B 两区和 D

市M市属于成渝统筹城乡综合配套改革实验区比较成熟的、具有典型性的区域,辅之以问卷调查和文献调查,已经能够比较完整地反映出我国土地利用和农村社会管理之间的状况和关系。从中我们可以发现,土地二元所有制产生了二元土地所有权,由此产生了城乡二元结构,这在改革开放以来的农村支援城市的发展当中取得了较大的经济成就,但在某种程度上也造成了城乡之间不平衡不充分的发展现实。随着全面依法治国战略的确立和市场经济的深入发展,农村社会公共生活组织模式由管理转向治理,由政府主导转向由政府引导,农民越来越成为乡村振兴和乡村治理的主体。改革开放以后确立的村民自治与家庭联产承包经营责任制互相匹配,在长达30多年的时间促进了经济的高速发展和快速的城市化,既有的农村社会管理模式对于在市场经济还不够发达的阶段,有利于组织农村的资源和力量,支持城市的发展。但是,随着城市化的不断加快,农村人口严重减少,原有的村民自治制度和家庭联产承包经营责任制已经不能适应社会治理现代化的需求和乡村振兴的需要。为此国家提出了党组织领导下的自治、德治、法治相融合的乡村治理模式去改造原有的村民自治制度,以“三权分置”去改造家庭联产承包经营责任制度。目前看来,这两个制度对于推动农村社会制度管理向治理的转变、引导农民参与社会治理、推进“三权分置”、克服农村人口减少问题、完善土地利用制度、促进乡村振兴等方面都具有重要作用。但是,这两个相匹配的土地利用和乡村治理制度,仍然面临两个主要障碍:一是土地利用制度和土地所有权制度分离以后,以土地流转为代表的利用机制受到土地所有权的限制,特别是在土地集体所有权变为国有的过程中农民的权益没有得到充分的保障,农民的主体地位没有得到应有的体现。二是村民委员会和农村集体经济组织身份混同,导致农村集体经济法律关系模糊,一方面农村集体经济组织的法律地位模糊,另一方面农民作为独立经济主体的法律地位虚化,导致了政企不分、村企不分、农村社会管理能力下降和农村经济发展激励不足等问题。我们通过实证研究进一步证实了上述问题的存在,也为我们进一步完善土地利用制度与土地所有权制度,进一步优化乡村治理机制提供了基础。

第五章 域外土地利用制度的社会治理逻辑

如上所述,土地利用制度既包括土地利用的形式、土地的权属、土地的流转和交易等方面的制度规定,也包括制度之内和制度之外对相关利益的分配和调整,而相关利益的分配和调整决定了社会治理的制度逻辑。通常情况下,土地状况、农业技术改进、人口和社会行为变化、重大历史事件等因素是决定土地利用制度的基础因素,①但真正决定着土地利用的关键因素是国家的政策和法律,这就决定了土地利用制度受政治环境和法律环境的影响,因而土地利用制度也成为社会治理的一面镜子。

---

① See Myers, *The Chinese Peasant Economy*: *Agricultural Development in Hopei and Shantung* 1890 – 1949, Harvard University Press, Cambridge, Massachusetts, 1970.

从社会发展来看,城市化是影响土地利用制度变化的最关键因素,同时城市化带来了产业集聚和人口集中,社会利益结构和分配方式发生了重要的改变,适用于农村的社会治理模式,在越来越陌生化的城市难以找到适用的空间。反过来,适用于城市的规则由于人口的流动,现代教育的推动,政策法规的导向,导致农村无差别地适用城市制定的法律,从而产生了城乡之间在社会治理上同样的规则产生了不同的效果的问题。在欧洲由于大多实行土地私有制,农民完全可以从市场进行土地交易,其土地所有权和土地利用权统一到物权领域,由物权体系和契约规则决定了土地的利用方式和利益分配机制,因此,其制度构建的重心不在于规定土地如何利用、归谁所有等问题,而更多地在于完善社会治理制度体系,保障市场体系的完整和交易规则的公平。欧洲的土地利用和城市化紧密联系在一起,城市化又是不断地将城市的法律规则体系向农村扩展的一个过程,这种变化不是简单地将乡镇改成街道、将行政村改为社区,在管理意义上不是简单地把“农民”变成“市民”,而是要农民职业化、非身份化,人口自由流动,农民能进城,市民可下乡。因此,相关的制度设计和理论研究大都围绕人的分布和流动状况展开,而很少把土地利用看作问题。不可否认的是,发达国家的城市化仍然和土地利用分不开。英国的城市化是在“圈地运动”的基础上完成的,美国的城市化是在“西进运动”基础上完成的。城市化带来了具有现代城市生活的居住条件,改造了乡村的自然环境和人文环境,让乡村变得美丽、舒适。在早已完成私有化的西方国家推进城市化并不重视产权问题,所以,西方国家的土地利用制度对我国不具有太多的借鉴意义,但是,西方国家的乡村治理及制度对我们有较大的参考价值,可以为我们应对城市化带来的人口和社会环境变化提供参考。

第一节　土地利用制度变化中的社会治理机制

为了使研究的成果更具有普遍意义,我们选取了城市化水平较高、社会治理比较成熟的英国、美国和日本进行比较分析,通过各国土地利用的制度规范切入,重点去探究相关国家乡村社会治理的制度逻辑。

一、英国土地利用制度变化中的社会治理机制

在工业革命以前,英国也是一个以传统农业为主导的国家,"圈地运动"为英国的现代化进程奠定了基础。[①] 工业发展和城市的扩张,大量的农业地转化为非农业用地,农业用地转化为城市工业、商业、住房、交通等建设用地,农业土地流失严重。为了改善这种情况,在1909年,英国政府颁布了《住房与城市规划法》,政府在全国范围对土地开发利用进行监管和调控,调控内容涉及土地使用强度、城市密度、土地利用方式等。[②] 但是,由于产权制度尚未完善,土地利用的权限尚不明确,加之整个社会弥漫着对工业化的狂热气氛,几乎无人在意对土地利用的节制和保护。这一情形直接导致农业发展遭受严重打击,城乡收入差距增大,社会矛盾加剧。在第二次世界大战后,英国城镇出现人口过剩、居住环境恶劣的情况,这在当时被认为是城市发展过快、过于集中的结果。为此,英

① 参见纪晓岚:《英国城市化历史过程分析与启示》,载《华东理工大学学报(社会科学版)》2004年第2期。

② 参见张俊:《英国的规划得益制度及其借鉴》,载《城市规划》2005年第3期。

国政府制定了一系列土地与住宅政策，在明确土地的功能属性的基础上，对土地实行严格的分类，尤其是对农业用地进行严格的保护，不仅原则上对农业用地实行开发限制，而且还要求对农业用地进行开发补偿。通过一系列的举措，遏制了城市扩张带给农村土地的伤害，而且随着《国家公园和进入乡村法》的颁布，对乡村的人文和自然景观的保护也提上日程。此外，为了解决城市化进程中土地交易市场秩序混乱的问题，还对土地使用权的归属问题作出了相关规定。受到大萧条的影响，人们对政府干预管理的呼声越来越高，强调土地规划的重要性，认为土地规划应当涵盖城郊地区土地规划和农业用地保护，减少农业用地的大量流失。同时，鼓励城市进行高密度开发，提高土地的集约利用，从而减少向农村土地的扩张。① 经过调整，在 20 世纪 80 年代，英国的土地规划利用体系趋于成熟，城镇化水平也已达到相当高的程度。

可见，即使在实行土地私有制的英国，在城市化和工业化的影响下，也会因为权力的滥用导致社会治理的问题。而解决社会治理的途径也是通过对土地利用进行有效管理而建立起来的完善的制度体系，这套制度体系既解决了城市和农村关联的土地利用的机制和秩序问题，也解决了城市化、工业化进程中涉及作为基础的土地资源的有限利用问题，从而实现了社会整体利益的最大化。

二、美国土地利用制度变化中的社会治理机制

人类进入工业化以来，城市化是农村土地利用制度变化的原动力。美国的城市化始于 19 世纪，其主要模式是从城市核心区域

① 参见王宇琦、张秀智：《前车之鉴，后车之师——探究英国城市规划及土地利用价值的全过程》，载《城市开发》2006 年第 7 期。

向郊区自然延展，这与欧洲国家的城市化由郊区向城市聚集是不同的。① 1920年到1945年，城市开始从城区向郊区再向农村"摊大饼式"地蔓延，大量城市建设用地、交通网路建设用地取代了昔日的农耕用地。第二次世界大战以后，联邦政府为了发展经济，大力推动城镇化建设，在这一过程中大量的农业用地转化为非农业用地。② 20世纪30年代至70年代，美国城市化迅速推进，造成农地资源大量流失、生态环境遭遇破坏。由于美国土地制度采取的是公私兼有的多元化土地所有制，在国有性质的土地中，森林、草地、山地和沼泽等非农业用地占有很大比例。③ 20世纪70年代中期，美国农业部恢复设立"土地利用委员会"，④其主要职能就是划定土地用途，限制土地滥用，尤其是防止城镇化中的农业土地流失。为了保护耕地，美国通过设置绿化地带的方式限制城市增长边界。这一限制方式与英国绿地带制度有着异曲同工之妙，绿化带政策对城市布局规划和土地利用方式产生了深远的影响，日益受到世界上许多国家的重视。⑤ 政府出于公共利益的需要可以限制土地的使用和开发，但政府的权力也要受到限制，并表现为对土地私有财产权的尊重和保护。当然，由于美国是市场经济的法治国家，主

---

① 参见高强、王富龙：《美国农村城市化历程及启示》，载《世界农业》2002年第5期。

② See Howard P. , *Major Problems in American Urban History*, D. C. Heath and Company, 1994.

③ 参见李茂：《美国土地利用规划特点及其对我国的借鉴意义》，载《国土资源情报》2009年第3期。

④ 参见赵淑华：《关于农地产权制度的理性思考》，载《学习与探索》2004年第6期。

⑤ See Tang B-s, Wong S-w, Lee A K-w, "Green Belt in a Compact City: A Zone for Conservation or Transition?", in *Landscape and Urban Planning*, 2007, 79(3 - 4): 358 - 373.

要运用市场手段和法律手段来调节国家利益和私人利益的平衡。市场手段包括明确私人使用权和要求使用者支付合理的市场价值等方面，法律手段包括土地交易要经过公众参与、政府计划、第三方环评、经济评估、司法审查等一系列较为严格的法律程序。在市场手段和法治手段的双重作用下，美国土地利用制度体系比较完整，大量的社会矛盾通过以土地利用为基础的法律制度和市场交易机制得到了比较有效的化解。美国在发展农业资本化的过程中并没有产生对农民利益的强制性吞噬，严密的制度体系反而为农民在土地利用中的独立经济主体地位提供了法律保障，完备的交易规则也为化解土地利用价值的标准分歧提供了评价机制。因此，美国的社会治理格局没有出现城乡二元差别，并将法治化与市场化融入其中，土地利用制度提升了社会治理水平。

三、日本土地利用制度变化中的社会治理机制

日本国土面积狭小、耕地面积少，与美国的城镇化水平相近，城市用地绝大部分是从农业用地转化而来，但其付出的用地代价却相对较小。① 日本对土地利用的集约化程度较高，最大限度地发挥大城市集聚效应，具体手段就是以“空间换土地”的方式充分发展适合国土资源条件的城镇空间结构，以节约土地资源，提高土地利用率。② 日本的城市化始于20世纪70年代，日本的经济增速放缓以后，城市的发展因投入减少而减缓，而资源逐渐向郊区流入，城市周边的中小城镇开始崛起，当然这一过程也随着农业用地流

① 参见渡边俊一：《日本和美国的土地利用规制——从比较城市规划的观点上论述》，林镐根译，载《国外城市规划》1994年第2期。

② 参见王建：《区域与发展》，浙江人民出版社1998年版，第81页。

失严重、土地利用率下降等问题。① 为了进一步加强对土地的合理利用,日本颁布了《地方开发促进法》等法律,对城镇化中的土地进行合理的规划,②其专门规定城市规划可以对土地的用途进行限制,在不违背城市规划的总体意图下方可调整土地的具体用途。③总体上,以法治思维和法治方式在推进土地优化利用,对提升日本城市化质量和同步推进社会管理起到了非常重要的作用。日本社会治理的精细化也建立在其土地利用制度的法治化和精细化之上,这种精细化的社会治理机制一方面强调政府对土地利用和社会关系的依法治理,另一方面在强调法治规则基础上承认人性在制度设计中的作用,因此,社会治理程度比较高,科学性比较强。

英、美、日三国在城市化进程中非常注重土地利用制度机制与社会治理法治机制的同步建设,以土地利用为基础构建权利体系,以市场手段发挥土地资源配置中的基础性作用,并以此作为消解社会矛盾的重要手段,这对我国城市化和乡村振兴进程中的土地利用及其社会治理现代化具有重要的参考价值。

第二节　社会有效治理与土地利用制度选择

由上可知,英、美、日三国在工业化、城市化进程中社会都得到了有效治理,并构建了其法治的基础。其基本经验在于,社会治理

---

① 参见付恒杰:《日本城市化模式及其对中国的启示》,载《日本问题研究》2003 年第 4 期。

② 参见唐子来、李京生:《日本的城市规划体系》,载《城市规划》1999 年第 10 期。

③ 参见周轶男、华晨:《内外、上下与刚柔——中日城市用地分类比较研究》,载《国际城市规划》2010 年第 1 期。

必须根植于土地利用制度的变化过程中,社会治理的制度机制要与土地利用制度的变化相适应,反过来,社会治理又通过制度的价值取向规定了土地利用制度的逻辑和变化方向。换个角度讲,土地制度包含土地所有权制度、土地利用制度和土地管理制度等。土地制度一经确立,便规定了人与人之间因土地的所有和利用而发生的各种经济关系,同时也包含了土地管理的行政关系。通常来讲,土地所有制决定着土地的使用制度,不同的社会形态都存在与土地所有制相适应的土地使用或利用制度及其具体形式。① 土地制度之所以能够产生,根本原因在于土地资源的稀缺性和对人类生存发展的不可替代性。通过建立土地制度,引导调整乃至根本上保护经济主体去合理地开发和利用土地资源,是现代社会土地资源配置经济关系及其效率的必然要求。因此,无论是土地制度的变迁还是创新,都是始终围绕不同发展阶段的需要作出的,其直接影响因素是具体的土地利用形式的变化。反过来,制度一旦形成,对具体的土地利用形式的影响是深远的,比如产权制度的建立,以确认权利的方式提升个体利用土地的积极性,从而提高土地的利用效率。从这个意义上讲,土地利用制度与农村社会治理是相辅相成的,分析土地利用制度必须从社会变迁的规律和诱因中寻求答案。

一、英国实行土地所有权与其他权利相分离的制度

英国现行的土地所有制在法律上是英王或者说是国家所有制,英王是唯一的、绝对的土地所有人。但从实践看,持有人只要

① 参见张月蓉著:《完善我国农村土地制度的途径》,知识出版社 1992 年版,第 377 页。

不违反土地法、土地保护、土地规划，不侵犯其他私人利益，可以随意利用和处分土地。土地上之权利也以保有权为中心设计，如根据是否限定继承划分为无条件继承的土地产业权和限定继承的土地产业权；根据保有时间的长短分为终身保有和限期保有。在这四种产业权中，只有限期保有属于租业权，另外三种则是永业权。[①]英国土地的出售人不必证明自己是土地的绝对所有人，而购买土地的人也只在乎土地占有权的长期并且无争议。因此，英国土地所有制实质上是土地的私有制。

英国农村土地所有制的形成与英国城市化的推进有着较大的联系。英国经历了较长的封建社会时期，形成了由世袭领地和教会领地构成的封建领地制。工商业兴起和“圈地运动”之后，土地大多集中在少数人手里，农民沦为产业工人。这些为城镇化提供了土地资本、生产资料和大量劳动力。由于城市化需要大量的土地，大量的农村私有土地进行了流转。在市场化的推动下，一方面土地转让和出租得到了强化，变得非常活跃；另一方面也造成了大量土地的无序集中，并逐渐被少数利益集团掌握。再者，城市化引发的耕地破坏、环境污染、基础设施建设不足等“城市病”问题，也使得英国政府严阵以待。[②] 从发展阶段来看，英国城市化初期是以牺牲农民、农业为代价来促进工业化、城市化的发展，后期因社会矛盾突出，政府也适时地依据经济发展阶段制定相应政策，平衡各

① 参见邵彦敏著：《中国农村土地制度研究》，吉林大学出版社2008年版，第81页。

② 为此英国于1909年颁布了世界上第一部城市规划法律，之后于1946年、1947年和1952年颁布了《新城法》、《城乡规划法》和《城镇发展法》等40余部与城市发展有关的法规条例，使英国城镇化在20世纪中期之后，走上了有序发展的轨道。

方利益。①

英国的城市化没有先例可供学习参考，完全属于自己摸索前进，因此也付出了较大的代价，出现了土地交易的无序混乱、城镇建设缺乏合理规划、农业用地严重流失，导致农业受损，经济发展畸形和利益失衡。为此，英国政府相继进行了涉及农村土地征收、城乡土地规划、农村土地用途管制等方面的制度设计。例如，关于土地的征收，英国规定因公共利益需要可通过行使强制购买权征地，但是，制定了严格的征收程序，保障土地征用中的平等协商和合理补偿，此外完备的争议解决机制也有效缓解了征地纠纷的升级和蔓延。② 同时，为了限制私人对土地的无限制开发，英国还规定了土地的发展权归国家所有，任何土地所有权人或使用权人欲进行开发利用，均有严格的申请程序，并需缴纳发展价值税。为了弥补城镇化初期对农业用地的大量侵占造成的损害，英国开始重视耕地的保护，开展环保型农业，并严格控制城市建设用地。英国农村土地的规范化管理制度机制为农村社会依法治理提供了依据。

二、美国实行农村土地所有权概括保护的制度

美国的私有土地占国土面积的58%，基本被家庭农场占有，其余由联邦政府和州政府所有，且大多为林地、草地和沼泽等非耕地。③ 美国的农村土地私有制也经历了一段特殊的道路，总体特征是从公有到私有的转变，即“国有土地私有化”，主要背景是独立以

① 1801年，英国5000人以上的城镇只有105座，1851年达到580座，城镇人口比重达到50.12%，成为世界上第一个城市人口超过农村人口的国家，基本实现城镇化。

② 参见陈勇：《英国土地制度及其实践》，载《山东国土资源》2007年第2期。

③ 参见毕宝德著：《土地经济学》，中国人民大学出版社2002年版，第432页。

后，为了发展农业和积累国家财政资金的需要，美国政府把公有土地通过拍卖、出售、赠与手段分配给私人。以家庭私有为基础的农村土地私有制的确立与城镇化也有一定的联系。早期的"西进运动"，大量人口迁徙到西部广袤的土地上进行开垦、居住，其实也是城市化的一种初期表现。相比其他国家的土地征占，由于美国最初的私人所有主要是通过购买所得，因而在城市化需要大量征占私有土地的过程中，政府或社会团体也必须以购买的方式获得，即使是为了修建基础设施或其他具有公益性质的用途。基于这样的背景和理念，美国城市化中的土地流转（交易）尤其注重市场手段的作用。但是市场本身的局限性，如市场主体的逐利本性和贪婪，使城镇化"借口"下的土地出现了大量的无节制开发，导致一系列农业用地流失和环境保护等问题。

因此，出于公共利益和国家战略的需要，美国也相应地进行了土地管理的制度建设，主要手段是限制私人所有权。在美国，尽管私人对其享有的土地所有权在法律上具有支配权，但并不是绝对的。例如，出于公共目的的需要，政府用适合的市场价格给予土地所有者补偿，就可以征收土地。此外，为了控制产权所有人无节制地开发利用造成土地资源结构性减少，政府还通过立法划定城市发展边界、城市建设区和农业区，并要求严格执行其分区功能，不得随意改变。另外，美国的土地立法较为全面系统，所有权、使用权的获得，土地租赁、转让、抵押及相关权益的获得，以及夫妻邻里的土地关系都有详尽规定，农村土地管理制度几乎全部纳入法治化的运行轨道，这种制度构建了法治社会的底层基础。

三、日本确立了农村土地农民所有权的永久地位

日本1868年明治维新是工业化的第一个发展阶段。① 以地主土地所有制和土地租佃制为主的封建土地制度导致土地集中,形成众多无地农民,高额的租税引致农民贫困,引发农村乃至整个社会的不安定。② 随着工业化和城镇化的推进,地主所有制和土地租佃制成为障碍,制约了经济的发展,政府开始收买地主的土地并将这些土地卖给农民。1938年《农地调整法》废除了封建的农地制度,创设自耕农,改善租佃关系。第二次世界大战以后,日本急需恢复元气,为此,政府积极推进农村土地规模经营,提高农地利用效率,增加农民收入。1952年制定的《农地法》,从法律上确立了农民所有制的永久地位。③ 1975年制定的《农振法》,允许农民经过集体协商,根据双方达成的协议条件,自由签订或解除10年以内的短期土地租借合同,以此鼓励土地使用权流转。④ 制度改革促进了以土地买卖和租借为主要形式的土地流转,为土地规模经营提供了前提。《土地征用法》、《农地法》和《农振法》等法律的颁布实施,切实保障了农民土地财产权,保障农民能通过土地权利分享城市化发展成果。⑤ 日本在城市化进程中,一直都注重农地的合理保

---

① 参见施虹:《日本在工业化过程中对农业的保护与支持》,载《世界农业》1997年第1期。

② 参见张季风:《战前日本农村剩余劳动力的转移及特点》,载《日本学刊》2002年第3期。

③ 参见贺平:《战后日本农地流转制度改革研究——以立法调整和利益分配为中心》,载《日本学刊》2010年第3期。

④ 参见李林杰、石建涛:《日韩城乡统筹发展的经验借鉴》,载《日本问题研究》2008年第4期。

⑤ 参见肖绮芳、张换兆:《日本城市化、农地制度与农民社会保障制度关联分析》,载《亚太经济》2008年第3期。

护以及对农地形成了系统化的保护制度,这和日本国土面积狭小,人地比例问题突出有关。日本在法律和行政体系上建立了中央、地方、基层三位一体化的农用地保护格局;对农地的保护不仅体现在宏观政策层面,还细化到具体的实施条款,具有可操作性;设定农用地区域基准,严格划分农用地和非农业用地,未经严格的程序不得越界占用。通过严密的土地利用制度划定了农民利益结构,并维持与城市发展中的利益分配均衡化,这种制度为农村社会稳定奠定了基础,提升了农民利益的法律保障水平。

第三节　土地有效利用与社会有效治理相容的制度要素

英、美、日土地利用制度与其城市化进程中的社会有效治理相辅相成,有机互动,由此带来了其国家的长期稳定,社会的依法治理、城市化的高度发展和城乡一体化局面,从前文的分析中,我们可以找到以下经验。

一、注重土地利用相关利益保护

在产权理论和制度发展之初,土地所有权的观念更加深入,强调土地的"归属",尤其是土地所有权人对土地财产的绝对支配。随着社会经济的发展,人类对土地的需求日益增大,而土地资源却更加稀缺,并且土地的绝对所有权限制了土地的价值最大化实现。因此,资本主义社会的土地所有权和土地使用权逐渐分离,所有权人通过收取地租来体现其权利。与此同时,在立法上改变了以往将土地归属放在首位的做法,转而注重资源的有效利用和开发,并对土地使用权人以及其他土地上之附属权利人的权利也给予同等法律保护。① 在土地的征收过程中，这些国家都十分重视对被征用土地权利人的利益补偿。如在德国，土地征收补偿范围就有实体损失补偿、负担损失补偿、其他财产损失补偿三种，并且规定实体损失的补偿标准是征收计划决定时的"市价"②。日本在土地流转中特别注重农民权利的保护，建立了合作经济组织和农业者认定制度，为农民土地流转搭建平台，防止耕地的减少和农民的大量失业。不得不承认，以土地利用为首位的制度设计极大地推进了资本主义社会经济的发展。通过调整产权制度，基本体现了社会成员对效率和公平的追求和渴望，从而构建了兼顾所有者和非所有者利益的机制。权利的构建开始更多地关注对土地利用相关权利人的保护，也正是这样的制度调整和安排，大大提高了土地利用效率，人们对土地的关注也不只是一块土地属于谁，而是由谁利用更利于发挥价值。城市化促进土地要素流动，各种土地上之权利在不同的主体之间调剂和博弈，从而推动产权制度的变迁，并进一步影响土地利用制度的变化。通过土地利用权力体系引导社会按照法律规定构建彼此关系，从而促进社会法治基础的生长。

二、重视市场在土地资源配置中的作用

土地利用效率提高要求土地要流转到最大发挥其效用的人的手里，也就是土地交易。无论是所有权还是使用权交易，保证交易

---

① 参见史卫民：《国外土地制度变迁中农民土地权益保护的比较与借鉴》，载《现代经济探讨》2014 年第 2 期。

② 参见德国《联邦建筑法》第 95 条规定，实体损失的补偿标准是征收官署决定征收计划时的"市价"；该法同时在第 142 条规定，所谓市价是指在通常交易的情况下，该被征收的土地与其他标的具有的法律权利、事实特征、其他状况及其所在的地点、所具有的价值；特殊与个人关系，在计算该被征收土地与其他标的时，不予以考虑。

双方的平等协商和竞争合作是非常关键的。这是重复博弈,最终达到帕累托最优。它的实现途径是创造一个相对公平的制度环境。从英、美、日等国土地交易来看,虽然国家出于公共利益的考虑,在制度上都不同程度地设置了一些程序或实质要件的约束,但更多的仍然是市场主体自己决定交易的动机、交易方式、交易价格等。重视市场手段在土地资源配置中的基础性作用,体现了对财产权主体权利的尊重,同时,也是在全社会范围内形成一种平等、公平的理念和机制的一部分。

三、以社会治理为土地相关权利保护的界限

土地所有权和其他权利都属于财产权,对于财产权的具体结构和调整模式,不同时期和不同人们都会有不同的观念。仅由自己对财产进行支配是不现实的,也不利于财产权利的最大化,必须构建新的财产管理结构。财产权肯定要进行某种形式的分割。①而一旦多人参与到资源的管理和利用过程中来,所有权人对财产的支配性和排他性就会受到削弱。权利主体多元化,支配的后果就会产生利益多元化。反过来,利益的多元化同样也就必然增加新的权利主体。利益多元化和权利主体多元化的关键在于这样的制度安排能够实现各方利益,如果所有权主体支配和排他权利受到限制,那么他很有可能是在获取比较大的收益的情形下才会自

① 共有的四个条件:第一,所有权资格(title)一致,即两个联合占有权的拥有者必须在同一次的转让中获得他们的所有权,或者他们通过实效占有一起获得他们的所有权。第二,时间一致,指所有的联合占有人必须同时获取其联合占有权或该联合占有权同时变成既定财产。第三,利益一致,指所有联合占有者必须拥有相等的权益,而且,所有权益的类型(持续时间)也必须相等。第四,所有联合占有者都必须占有财产的全部。这些严格的条件都是在限制共有模式的存在。参见李进之等著:《美国财产法》,法律出版社 1999 年版,第 82 ~ 89 页。

愿作出让步。如果说城市化仅仅使原来属于农民个人所有的土地通过出租、出售流转给其他个人或法人组织，在土地私有的国度，其权利并不会发生太大的变化，只不过财产权的主体从一个人过渡给了另一个人。英、美、日等国城市化历程体现了土地财产权主体变换。在美国，原来属于农民私人所有的土地权利由最初的完全产权权能发展到权能部分受国家限制，一方面，必然导致农村土地（尤其是原来承担农业生产用途的土地）总体减少；另一方面，土地流转所能获取的利益导致土地所有者无节制、不顾土地转让后的用途改变等进行土地的积极流转，出现了土地兼并现象，同时出现了大批失业农民，而这些失业农民最终还是要国家予以安置和保障。多数国家以促进公共福利事业，保护耕地以及国家战略利益为由，开始对土地的使用进行控制，如英国早期设置了土地发展权，这一制度后来被美国成功应用。公权力的介入改变了原有土地上的权利主体格局。除此之外，产权主体出于物尽其用的理念，在符合国家法律的前提下，在所有权上设置了用益物权、担保物权、债权等，在不同类型的权利组合结构中，权利主体便会有所不同且处于随时切换状态。土地利用方式的转变，同时也使各种土地之上的权利主体之间有了合作、交换，甚至利益冲突。如何处理好这些权利主体之间的利益分配，不仅关系产权制度的有效进行，更有利于维护社会的稳定和保障社会有效治理的基础，对土地相关的权利主体的法律保护也建立在不妨碍社会有效治理的基础上。在美国，由于农地产权比较清晰，农地买卖和出租均很自由，因此，土地交易主要通过民间市场完成。土地价格由交易双方自行确定，即使是政府想要使用农地也必须以市场的方式进行，政府唯有通过基础设施、交通条件、产业政策等来影响地价。虽然美国法律保护土地私有财产权不受任何侵犯，但也不是任由权利人随意处置,法律同时也规定了业主在土地交易中不得违反一些规定。在日本,虽然同样实行的是土地私有制,但因为日本国土面积窄小,城市化推进凸显人地矛盾,日本的土地交易受到较为严格的限制,最典型的是日本实行土地交易审查制度,交易双方在签订交易协议以前,先向地方政府提交申请,地方政府则从土地的交易价格和土地使用目的两方面予以审查。[①] 为促进土地市场运行机制的正常运转,保障交易者利益,通过土地估价委员会监测和间接调控市场。可见,土地利用制度既要保障权利人之间的利益平衡,又要以社会有效治理为设定权利的界限。

---

① 参见肖得意:《土地管理之日韩经验》,载《国土资源导刊》2010 年第 6 期。

第六章 社会治理机制构建中的土地利用制度要素

由上可知,在土地所有权制度相对稳定的情况下,土地利用更容易受到国家政策,社会经济发展,相关权利人等方面的影响而发生变化,土地利用形式变化不一定及时上升为制度,但一旦上升为制度就会对社会利益结构和权利分配机制产生反作用,从而对社会治理机制产生影响,而社会治理机制一旦形成又反过来促使土地利用形式制度化和固定化。正因如此,“涉及土地时,就会产生一些更为棘手的问题”。① 在以土地为载体的制度设计中,如何平衡土地权利保障与利用效益提高之间的关

① [英]哈耶克著:《个人主义和经济秩序》,邓正来译,生活·读书·新知三联书店2003年版,第161页。

系,实现社会有效治理,既是制度设计的逻辑出发点,也是制度不断调整、变迁过程中的最终落脚点。土地制度既是为了建立规则以满足各方利益群体的需要,也是为了保全自身利益并使其最大化,还是为了制定利益分配规则,规范农村社会组织形式。因此,社会治理的核心是如何解决好土地利用问题。在这一过程中,发挥主要作用的是各类权利主体从自身利益角度出发,建立起包括土地所有制度、土地使用制度、土地管理制度等各种土地利用配套规则。我国未来使土地制度服从于我国社会主义国家的本质属性而确立了生产资料公有制的基本制度,一方面国家倾向于将土地公有化或者共有化,由更大型或者更加集团化的主体作为土地的权利代表,从而掌控权利的归属;另一方面国家又要确保充分发挥土地这一重要生产资料的经济价值,使土地之上相关的利益者充分发挥主观能动性,分享到土地收益,进而产生更大的经济价值。正是基于上述的制度逻辑,各种土地利用制度不断地产生、运行、终止,经历着历史与法律的更迭和变迁。这些成为我国社会制度演进中一道独特的风景。

第一节　社会权力结构的调整

社会权力结构的调整与土地利用制度法律选择密切相关。历史造就了现行我国农村土地政策特殊性,土地制度构成中有大量的内容并非由法律直接规定,而是由农村土地政策和以意识形态为核心的非正式制度约束所占据。它不仅可以突破原有法律、法规的约束,甚至直接导致法律法规的修改。改革开放之初,根据当时农业生产力水平低下、解决吃饭问题是当务之急的实际情况,在坚持农村土地集体所有的前提下,把土地承包经营权赋予农户家庭,实行了家庭联产承包经营责任制。实际上是“两权分离”,充分调动了亿万农民群众的生产积极性,解决了温饱问题,也使几亿农村贫困人口脱贫,为国民经济的持续快速发展提供了基础支撑,并与村民自治制度一道形成了农村经济社会改革的重大成果。2016年10月,中共中央办公厅、国务院办公厅印发了《关于完善农村土地所有权承包权经营权分置办法的意见》,丰富和完善了中国特色的农村土地制度。经过30多年的发展,随着社会主义市场经济的不断发展完善,按照归属清晰、权能完整、流转顺畅、保护严格的产权制度要求,为稳定农村土地承包关系并保持长久不变,要求对农村土地集体所有权、农户承包经营权进行确权登记颁证,进一步夯实了制度根基。现阶段,随着工业化、城镇化深入推进,农村劳动力大量转移进城,到二、三产业就业,相当一部分农户将土地流转给他人经营,承包主体与经营主体分离,顺应这样一个发展现代农业的趋势和农户保留承包权、愿意流转经营权的需要,实行集体所有权、农户承包权、土地经营权“三权分置”并行。“三权分置”制度坚持土地集体所有权,稳定农户承包权,放活土地经营权,为引导土地经营权有序流转,发展农业适度规模经营,推动现代农业发展奠定制度基础,这也必将改变传统的农村社会管理模式。2019年1月修正生效的《农村土地承包法》就明确立法宗旨是为了巩固和完善以家庭承包经营为基础、统分结合的双层经营体制,保持农村土地承包关系稳定并长久不变,维护农村土地承包经营当事人的合法权益,促进农业、农村经济发展和农村社会和谐稳定。农村土地利用制度变化和社会治理的关系在法律层面得到了确认,随着乡村振兴与乡村治理体系现代化的不断推进,土地制度将随着土地利用制度优化而发生变革。

一、社会治理主体的确立

社会治理主体必须是权利主体，乡村社会治理主体产生于农村经济主体地位的法律规定。现行《宪法》和《土地承包法》规定了我国农村土地所有权采取建立在公有制基础上的集体所有权制度，并且具体规定了其范围。① 从法律属性看，农村土地集体所有权既不同于个人所有，也不同于法人所有，在某种程度上也不同于公有制基础上的国家所有权，在我国法律上具有很强的稳定性。对农村集体经济组织的规定散布在《宪法》《民法总则》《土地管理法》《农村土地承包法》《物权法》《村民委员会组织法》及行政法规、规章、地方性法规内，该名词具体内涵在法律上并未有准确定义。从民事法律对农村集体经济组织分类来看，农村集体经济组织是指拥有一个自然村或行政村名下的财产所有权，并享有对该财产占有、使用、处置的特别法人，《土地管理法》将集体分为乡（镇）、村和村民小组三级，并规定村民委员会对集体土地有管理权，而不具有经营权，②《民法总则》第99条规定，农村集体经济组织依法取得法人资格，法律、行政法规对农村集体经济组织有规定的，依照其规定。随着法律制度不断完善，农村集体经济组织成为

---

① 1982年《宪法》第10条第2款规定："农村和城市郊区的土地，除由法律规定属于国家所有的以外，属于集体所有；宅基地和自留地、自留山，也属于集体所有。"《农村土地承包法》第2条明确规定，本法所称农村土地，是指农民集体所有和国家所有依法由农民集体使用的耕地、林地、草地，以及其他依法用于农业的土地。

② 《土地管理法》第10条规定："农民集体所有的土地依法属于村农民集体所有的，由村集体经济组织或者村民委员会经营、管理；已经分别属于村内两个以上农村集体经济组织的农民集体所有的，由村内各该农村集体经济组织或者村民小组经营、管理；已经属于乡（镇）农民集体所有的，由乡（镇）农村集体经济组织经营、管理。"

土地集体所有权的法定主体,①乡(镇)农民集体所有、村农民集体(及村以下农业集体经济组织)或村民委员会都具有法律上的集体土地所有权主体资格。《民法总则》第101条规定,居民委员会、村民委员会具有基层群众性自治组织法人资格,可以从事为履行职能所需要的民事活动;未设立村集体经济组织的,村民委员会可以依法代行村集体经济组织的职能。但是,由于法律规定的模糊,在有些地方即使存在农村集体经济组织,也存在村民委员会取代集体经济组织行使集体土地所有权的现象,同时由于《土地承包法》将承包权赋予的是农户而不是农民个体,这导致农村经济主体地位虚化,从而导致社会治理主体缺位。

二、社会关系和利益结构的调整因素

土地利用制度是社会关系和利益结构的调整因素。首先,土地利用权的法律属性决定了权利人之间的法律关系和利益分配结构。《物权法》规定,土地承包经营权属于用益物权②,《土地管理法》规定农民集体所有的土地,由本集体经济组织的成员承包,③农民集体所有的土地可以依法转让给单位或者个人使用,④并且农民的土地经营权受法律保护。⑤ 2002年《农村土地承包法》和2007

---

① 当没有集体经济组织时,村民委员会或者村民小组则成为农村集体所有权主体。

② 参见《物权法》第124条至第134条。

③ 《土地管理法》第14条规定,“农民集体所有的土地由本集体经济组织的成员承包经营,从事种植业、林业、畜牧业、渔业生产。土地承包经营期为三十年”。

④ 参见《土地管理法》第9条规定:“国有土地和农民集体所有的土地,可以依法确定给单位或者个人使用。使用土地的单位和个人,有保护、管理和合理利用土地的义务。”

⑤ 参见《土地管理法》第14条规定:“……承包经营土地的农民有保护和按照承包合同约定的用途合理利用土地的义务。农民的土地承包经营权受法律保护。”

年《物权法》对土地承包经营权的主体、期限、权利、义务、保护、流转等作了进一步的明确规定。① 在政策、法律规定和现实层面，农民土地使用权益确实具有了相对广泛的内容，包括占有，使用，收益，继承。农村土地他项权利，即人们为了生产、生活所需而处理土地相邻关系的权利。《物权法》设专章规定了“相邻关系”，为规范处理土地相邻关系作出了较为明确的规定。这些规定一方面为如何利用土地设定了规则，另一方面又为权利人之间划定了利益界限，从而起到了对社会定分止争的作用。其次，国家管理土地利用的形式和行为调整了土地的权利结构。国家对土地利用的管理主要有以下几种方式：(1)耕地和基本农田保护制度，《土地管理法》对“耕地保护”进行了规范，列了专章规范。② (2)用途管制制度，《土地管理法》第4条体现了国家对土地用途管理的严格限制，为了特别保护耕地总量，通过控制建设用地的总量来严限农用地转变为建设用地。第37条对闲置及抛荒耕地情形进行禁止。(3)规范发包行为制度，2019年1月修正生效的《农村土地承包法》第13条规定，“农民集体所有的土地依法属于村农民集体所有的，由村集体经济组织或者村民委员会发包；已经分别属于村内两个以上农村集体经济组织的农民集体所有的，由村内各该农村集

① 参见《农村土地承包法》第3条第1款规定：“国家实行农地承包经营制度。”第4条规定：“农村土地承包后，土地的所有权性质不变。承包地不得买卖。”第5条第1款规定：“农村集体经济组织成员有权依法承包由本集体经济组织发包的农村土地。”第21条规定了农地的承包期限：“耕地的承包期为三十年。草地的承包期为三十年至五十年。林地的承包期为三十年至七十年。”第27条第1款规定：“承包期内，发包方不得收回承包地。”

② “严格控制耕地转为非耕地”，同时“实行占补平衡制度”，省、市、自治区内耕地总量要保持动态平衡。之后颁布的《基本农田保护条例》，加强了对基本农田的保护。

体经济组织或者村民小组发包。村集体经济组织或者村民委员会发包的,不得改变村内各集体经济组织农民集体所有的土地的所有权。国家所有依法由农民集体使用的农村土地,由使用该土地的农村集体经济组织、村民委员会或者村民小组发包。"通过从发包权明确了个人、家庭、集体和国家之间的权利结构和利益关系,从而形成了农村社会管理基础性权力架构。

可见,土地使用制度规定了土地利用的形式、条件和程序,是土地利用过程中的另一个重要方面——人与人之间的经济关系。依法获得的土地使用权可以对土地进行占有、使用并取得收益(部分土地收益)。在整个土地制度体系中,土地所有权制度决定了土地利用制度,土地利用制度不仅是土地所有制的体现,而且也是实现和巩固土地所有制的一种形式和手段。[①] 土地利用制可根据土地使用者与所有者关系的不同先后形成"土地使用者与所有者合一"与"土地使用者与所有者分离"两种组合模式。"土改"之前的自耕农、经营地主以及人民公社化后的集体经济组织体现了"土地使用者与所有者合一",而"土地使用者与所有者分离"主要有地主与佃农、地主与农业资本家及之后的集体经济组织与土地承包经营户。[②] 在不同时期的土地利用形式基本相似但侧重点不同,土地所有者与使用者之间如何分配土地收益的一种经济关系变成了从法律上如何调整土地所有者与承包者、经营者之间的权利义务关系,进而构成了社会利益分配结构,对社会治理产生了极其重要的影响。

---

① 如在封建土地制度下,地主阶级占有大量土地,广大无地、少地的贫苦农民被迫向地主阶级租种土地,因而产生了封建土地租佃使用制度。

② 如在中国农村土地集体所有制下,把集体土地承包给农户经营,就土地关系的实质而言,也是一种租赁关系。

第二节　农村土地权利体系的演变

农村土地权利体系的演变决定了农村社会治理的参与者。如前述,因为具体的经济、文化和社会条件,以及制度演进的种种历史机遇的变迁,不同时期我国土地制度存在着明显的差异,我国农地权利制度经历了三次重大的变迁。同样地,我国现有的土地权利体系也是历史发展的产物。它不仅受到20世纪50年代至70年代我国政治经济制度的影响,而且同20世纪80年代以来的经济改革和社会进步有着密切的联系。① 因此,对中国土地权利结构的合理判断,不能脱离中国的历史,更不能脱离中国的现实。② 在社会经济发展和治理方式的变化中,土地权利结构也发生了很大的变化。土地权利内部结构不断分化,③形成个体与个体、个体与集体、集体与集体、集体与国家之间错综复杂的土地权利关系。我国土地权利的基本结构,如图6-1所示。

图6-1表明,土地集体所有权、土地承包经营权和国家所有权成为农地权利体系的核心。新时代,乡村振兴战略和社会治理系统现代化对农村土地制度改革和创新提出了更高的要求,我们将以该体系的核心权利为圭臬对相关权利体系进行反思,发现社

① 在解放初期经过土地改革运动,形成了“农民所有、农民利用”的土地权利制度。之后又经历了人民公社运动和农业合作化运动,形成了“集体所有、集体利用”的土地权利制度。改革开放以来,最终确立了农村土地承包制,“集体所有、农民利用”的农村土地权利制度也应运而生。

② 参见王卫国著:《中国土地权利研究》,中国政法大学出版社1997年版,第66页。

③ 参见王景新著:《中国农村土地制度的世纪变革》,中国经济出版社2001年版,第69页。

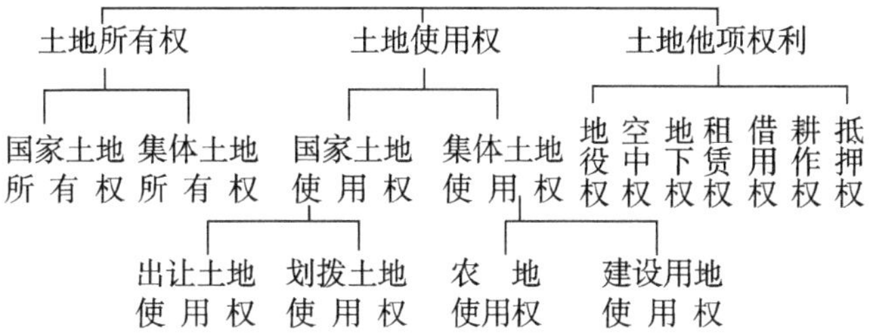

图6－1　我国土地权利的基本结构

会治理在土地利用制度变化中存在的问题，并为之提供解决的路径。

一、土地集体所有权的演变

农村土地属于合作社集体所有的产权制度起源于1956年《高级农业生产合作社示范章程》第13条的规定。后来1982年《宪法》第9条与第10条、《民法通则》第74条第2款，以及《农业法》第10条，《土地管理法》《民法总则》《农村土地承包法》都再次确立了土地集体所有权。这些制度建立起来后对于长期稳定农村生产经营、全面解决温饱、支持城市发展起到了极其重要的作用，但是存在以下几个方面的问题，严重制约了农村经济进一步发展和社会治理现代化。一是所有权主体虚化。① 从宪法和相关法律明确规定看，所有权主体虽然显得比较明确——集体所有，但是“集体”这个概念相当模糊并一直在变化：合作社—生产队—集体成

① 参见王自力、田明华、陈建成：《我国土地所有权主体重构问题探索》，载《北京林业大学学报（社会科学版）》2008年第1期。

员。[①] 现行法律规定农村集体经济组织作为权利行使的主体，但在大多数地区集体经济组织并不存在或者名存实亡，缺乏行使集体所有权一套完整的程序，甚至缺乏行使集体所有权的动机。所谓土地集体所有，实际上成为个别乡、村干部的个人所有或者乡、村干部与外部利益集团共谋所有。[②] 二是集体土地所有权权能空置。法律明文禁止农村土地所有权转让，集体无权处分农村集体土地，也不拥有完整所有权权能，从而导致产权不明晰。在实践中，一方面集体土地所有权被悬空后，容易诱发代理人风险，农民利益和集体利益都可能受到威胁，但是，另一方面农村集体土地又是家庭联产承包经营的方式，实际上演变为农民个体占有、使用和收益，难以实现优化资源配置和适应现代市场经济的要求。三是扬公抑私的立法取向。土地集体所有权仍是双层土地权利制度的核心，[③]在立法层面将剩余权利保留给了政府，政府实际上获得了以下几个方面的权利：(1)对农村集体土地享有各种形式的管理权；(2)对农村集体土地的最终处置权由政府决定是否把集体土地征收为国有土地；(3)政府对农村土地享有定价权和收益权。[④] 在现阶段，二、三产业的发展要求更多的建设用地，政府通过土地非农使用，获取巨额的土地级差收益。同时，政府决定土地征收补偿费用，真实土

---

① 参见桂华：《论土地使用权转让的〈宪法〉秩序——〈土地管理法(修正案)〉(征求意见稿)评析》，载《思想战线》2018年第3期。

② 参见陈小君、高飞、耿卓：《我国农村集体经济有效实现法律制度的实证考察——来自12个省的调研报告》，载《法商研究》2012年第6期。

③ 作为私法重要组成部分的《物权法》在第58条明确规定了土地集体所有权。

④ 历史上，国家曾通过工农业“剪刀差”和各种税费将大量的土地收益纳入国库。参见高飞：《土地承包权与土地经营权分设的法律反思及立法回应——兼评〈农村土地承包法修正案(草案)〉》，载《法商研究》2018年第3期。

地收益没有得到体现，土地集体所有权空壳化，不利于实现社会协同和科学治理。

二、土地承包经营权的演变

1978 年以来，农村家庭联产承包经营责任制改革逐渐建立，而后《民法通则》明确规定农村承包经营户依承包合同享有合法权益。2002 年的《农村土地承包法》正式确立了土地承包经营权，这部法律在2018 年修改中依然保持了这一制度的稳定性。从立法目的看，稳定承包权成为我国农村土地使用权制度改革的基本方向，并被作为促进农村经济可持续发展，实现乡村振兴和社会治理现代化的基本制度。从实践看，确保土地承包经营长期不变出现了土地承包经营权物权化的立法取向。“土地承包期再延长三十年不变”要求不能将原来的承包地打乱重新发包，允许土地使用权依法有偿转让。① 中共十七届三中全会更是明确土地承包关系长久不变，十九大再次决定把承包经营权延长 30 年，通过不断延长承包期限，稳定了农民对土地的预期。这种政策取向反映在法律层

① 中发〔1993〕11 号文件规定，在原定承包期到期后再延长 30 年不变，开垦的荒地、营造林地、治沙土地等从事开发性生产的，承包期可以更长。中办法〔1997〕16 号文件规定，在实行 30 年土地使用权前允许“人地矛盾突出的个别农户”进行“小调整”，但“不能对所有农户进行普遍调整”。对于 30 年内是否调整，强调“绝不能用行政命令的办法硬性规定在全村范围内几年重新调整一次承包地”。《土地管理法》第 14 条第 2 款规定：“在土地承包经营期内，对个别承包经营者之间承包的土地进行适当调整的，必须经村民会议三分之二以上成员或者三分之二以上村民代表同意，并报乡(镇)人民政府和县级人民政府农业行政主管部门批准。”中央政策作出了“增人不增地，减人不减地”的规定，2002 年颁布的《农村土地承包法》、2007 年颁布的《物权法》都将政策规定纳入法律，作出土地承包期内发包人不得调整承包地、不得收回承包地的刚性规定。直到 2009 年《中共中央、国务院关于切实加强农业基础建设促进农业发展农民增收的若干意见》仍然明确强调要“严格执行土地承包期内不得调整、收回农户承包地的法律规定”。

面就成为土地承包经营权物权化的制度取向。① 这种取向反映在了立法上,《土地管理法》把土地承包经营权作为债权,《农村土地承包法》赋予了承包权物权的性质,《物权法》设专章规定土地承包权,明确其为物权。

然而,我国土地承包经营权物权化在实践中却出现了债权化和身份化矛盾结合的现象。一方面,土地承包经营权内容依然由承包合同确立。《物权法》在土地承包经营权成立问题上采债权意思主义,以土地承包合同为基础确定发包方和承包经营者之间的权利义务。② 另一方面,土地承包经营权具有极强的身份性。失去集体经济成员身份便会丧失土地承包经营权,并对土地承包经营权流转设立多种限制。③ 在实践中,土地承包经营权的流转不是物权式流转,而是典型的债权式流转。土地承包经营权并不是真正的物权,而是夹杂着身份利益、社会保障利益在内的债权,从而导致在农村土地利用上出现了在国家与集体、集体与农民之间权利边界不明晰的问题,这不仅导致"集体"地位的消解,而且在城市化进程中农民作为经济主体的地位也被掩盖了。为此,应先强化农

---

① 参见陈甦:《土地承包经营权物权化与农地使用权制度的确立》,载《中国法学》1996 年第 3 期。

② 《物权法》第 127 条规定,土地承包经营权自土地承包经营权合同生效时设立。《农村土地承包法》第 14 条、第 15 条、第 17 条、第 18 条也规定,发包方享有种种债权性权利,承包经营权则负有相对应的种种义务。

③ 第一,流转受让主体有限制,《农村土地承包法》第 38 条规定,在同等条件下本集体经济组织成员享有优先权。第二,用途有限制,流转之后不得改变农业性质用途。《农村土地承包法》第 38 条第 2 项规定,"不得改变土地所有权的性质和土地的农业用途,不得破坏农业综合生产能力和农业生态环境"。第三,流转要经发包方同意或者备案。《农村土地承包法》第 36 条规定;"承包方可以自主决定依法采取出租(转包)、入股或者其他方式向他人流转土地经营权,并向发包方备案。"

民的土地使用权,使其物权化,并且淡化集体土地所有权。①

第三节　集体所有土地中的国家特殊权利

一、国家特殊权利消解了农村土地权利主体的权能

国家对集体所有土地享有特殊权利,虽然法律上规定农村土地所有者为农村集体,但是国家是征收农用地转为非农用地的唯一合法所有者,享有最终处置权。一是国家对集体土地具有征收征用权。征收是国家单向所有权取得的一种方式,②是国家基于公共建设的目的而将集体所有土地转为国家所有的权力,而且是单向独自享有的权力,集体和个人不享有此项权力。此外,现代各国法律都认可国家为了公共建设需要而征用土地使用权的权力。《宪法》第10条第3款明确规定了"国家为了公共利益的需要,可以依照法律规定对土地实行征收或者征用并给予补偿"。"因公用事业的需要而有偿或无偿地征用财产,这在当代所有法系中都是存在的……征用乃旨在使国家和它的行政机构和民用事业能够运用所谓的征用权,使之服务于大众。在所有的法系中,征用的可能性说明了财产权不是绝对的权利。"③可见,国家对农村土地享有最终处置权。二是国家鼓励转包、出租和互换等暂时性土地流转,但禁止转让、买卖等永久性土地流转。《土地管理法》规定了"土地使

① 农民只有获得类似于企业法人财产权的土地权利,才能获得市场主体的根本资格,自主经营才有保障。参见邵彦敏:《中国农村土地制度研究》,吉林大学出版社2008年版,第188页。

② 指政府有权不经所有权人的同意,而将其财产收归国有,以用于公共的目的。如,政府为抢险救灾而征用。

③ 《简明大不列颠百科全书》(第15卷),中国大百科全书出版社1986年版,第15卷,第48页。

用权可以依法转让”。《农村土地承包法》规定了承包经营的土地可依法采取转让、出租及入股方式，这是商业化方式承包土地的形式，其中，家庭承包取得的土地还可通过转让、互换方式流转。① 并规定，采取转让方式流转的，应当经发包方同意，采取转包、出租、互换或者其他方式流转的，应当报发包方备案。国家对农民土地使用权的干预，使土地使用权利在“自主经营”原则上也打了折扣。很多地方通过承包合同和主要农产品购销合同，限制了农民自主经营的权利。② 突出表现在地方政府为推动区域经济发展，强制推行结构调整计划；发展农业产业化过程中，强制推行专业化生产和区域化布局；推广扶贫开发集中连片的项目等。在这些活动中，上级政府对下级政府和自治村采取责任状形式推动某些规划的实施，代替市场机制对农民生产经营的调节，因而偏离了自主经营“轨道”。近些年来，在“农业现代化”、“规模经营”和“乡村产业化”的包装下，一些乡镇政府的举措实质上改变了对家庭联产承包经营责任制的性质，其中包括工商企业大规模进入农业生产领域，长期租赁大面积耕地，使农民的土地经营权受到实质的限制，从而使其长期的生产和发展失去保障。③

二、国家特殊权利是土地二元所有制结构的根源

在二元所有制结构下，集体土地上的权利与国有土地上的权利并不是“同质、同权、同价”。首先，尽管法律规定禁止买卖或者

① 参见陈彦晶：《“三权分置”改革视阈下的农地经营权入股》，载《甘肃政法学院学报》2018 年第 3 期。

② 参见袁铖著：《制度变迁过程中农民土地权利保护研究》，中国社会科学出版社 2010 年版，第 103 页。

③ 参见陈永志、黄丽萍：《农村土地使用权流转的动力、条件及路径选择》，载《经济学家》2007 年第 1 期。

以其他形式非法转让土地,但在实践中仍然存在集体土地所有权的变相“转让”。《宪法》和《物权法》均明文规定,基于“公共利益”的需要,国家可以通过强制征收将集体土地变为国有土地。① 在我国土地权利转化中,土地上的权利从集体所有向国家所有单向流动,导致集体土地的范围逐渐缩小,大量农民失去赖以生存的土地。其次,最具财富价值的建设用地使用权只能由国家出让,农村集体土地不能直接作为市场交易的对象,这意味着农民不能直接参与土地资源的配置和土地财富的分配。国家在征收农村集体土地时,虽然给“失地”农民一定的补偿安置费用,但这与国家出让土地使用权获得的实际收益之间存在巨大的悬殊,也就是所谓的“剪刀差”。最后,在城乡二元体制的社会格局下,城市国有建设用地使用权与农村土地承包权二者的价值和发挥的作用相距甚远。相较于城市,农村落后的经济发展和较低的市场化程度,造就了远低于城市的土地要素资源与价值。在国家严格的耕地保护政策下,农村土地使用权流转受到比国有土地使用权更大的限制,这是土地二元制结构形成的根源。中共十七届三中全会提出要建立和健全农村土地承包经营权流转市场;2018 年 1 月 2 日,《中共中央国务院关于实施乡村振兴战略的意见》提出,促进农村土地承包权流转改革,要走城乡融合发展和治理现代化道路,实现乡村振兴。这些为改变土地二元所有权结构造成的农村经济发展和社会治理的问题提供了指引。

---

① 《宪法》第 10 条第 3 款规定:“国家为了公共利益的需要,可以依照法律规定对土地实行征收或者征用并给予补偿。”《物权法》就此问题规定得更为明确。《物权法》第 42 条第 1 款规定:“为了公共利益的需要,依照法律规定的权限和程序可以征收集体所有的土地和单位、个人的房屋及其他不动产。”第 2 款规定:“征收集体所有的土地,应当依法足额支付土地补偿费、安置补助费、地上附着物和青苗的补偿费等费用,安排被征地农民的社会保障费用,保障被征地农民的生活,维护被征地农民的合法权益。”

第七章　社会治理视角下农村土地权利主体制度

依据《宪法》的规定，我国土地所有权制度是二元制，国家是城市土地的所有权人，国务院代行所有权，使用权可以采用划拨或出让的方式进行交易，城市土地所有权和使用权主体在理论界和实践中都不存在较大争议。农村土地的所有权主体和使用权主体则存在较大争议，主要是由谁享有所有权和代行使用权。实践中，相当一部分人把农村土地归属于村委会或村民小组或农村集体经济组织所有，甚至还有少部分人认为农村土地的所有权主体是国家。《宪法》《土地管理法》《物权法》等都对以上问题作出了一定程度上的解答，但仍然还存在不明确处。

第一节　“三权分置”下的权利结构

我国农村集体土地使用权指的是农村集体经济组织或组织成员，或是合乎法律规定的其他组织和个人依据法律规定对农村集体土地享有的占有、使用和收益的用益物权。① 从立法看，《物权法》规定农村集体土地上的用益物权包括农村土地承包经营权、集体建设用地使用权和宅基地使用权。根据我国《物权法》及相关法律法规的规定，农村集体土地承包经营权的权利主体包括农村集体经济组织的内部成员，以及非农村集体经济组织的外来单位或个人；农民集体所有的土地就是其权利客体；权利的内容可以通过合同或协议予以约定。② 农村土地承包经营权的设定以土地承包经营合同为基础。集体土地是农村土地承包经营权的产生基础，也是农村土地承包经营权的标的。当农村集体经济组织内部成员承包经营农村集体土地时，根据法律规定需要在发包人和承包人之间签订一份农村土地承包经营合同，并在该合同中明确约定发包人和承包人各自的权利义务。农村土地承包经营权还是一种具有一定期限的用益物权。我国《物权法》对各类土地的承包期限都有明确规定，例如，耕地是 30 年，草地是 30 年 ~ 50 年，林地为 30 年 ~ 70 年等。③ 但是，依照我国《土地管理法》第 14 条、第 15 条的

---

① 参见单忠献：《论我国农村集体经济组织的法人化》，载《农业经济》2018 年第 3 期。

② 《物权法》第 125 条规定：“土地承包经营权人依法对其承包经营的耕地、林地、草地等享有占有、使用和收益的权利，有权从事种植业、林业、畜牧业等农业生产。”

③ 《物权法》第 126 条规定：“耕地的承包期为三十年。草地的承包期为三十年至五十年。林地的承包期为三十年至七十年；特殊林木的林地承包期，经国务院林业行政主管部门批准可以延长。前款规定的承包期届满，由土地承包经营权人按照国家有关规定继续承包。”

规定,集体经济组织成员在承包的农村集体土地上开展种植业、畜牧业、林业或是渔业的,只有 30 年期限,但随着“三权分置”在《农村土地承包法》中的确立,承包权和经营权之间的矛盾出现了,两者虽然在法律上的关系是清晰的,但在实践中,由于两者在合同履行中容易出现约定不明的事项,一旦出现土地利用价值的变化,双方容易发生争议,甚至可能影响经营权的继续。而且,经营权人有可能成为强势一方,通过改变地貌,为合同终止后返还原物制造障碍,并可能在土地利用价值变化中获得其他利益,造成了乡村振兴背景下社会矛盾的复杂化和对法治的需求。

第二节　农村集体的法律地位

一、农村集体经济组织的历史贡献

1958 年我国农村以高级社为基础成立了人民公社和劳动人民群众集体所有的经济型组织。① 这种集体经济组织的资产是农户(民)将自有生产资料加入生产合作社形成的经济组织。人民公社集合了两种组织的功能:一是本身由基层政权机构承担的政治功能,二是由集体经济组织(与现在法律上所谓的农村集体经济组织存在差别)承担的经济功能,即政经合一。

改革开放以后,以安徽凤阳包产到户为起点,家庭联产承包经营责任制确立起来,“三级所有,以队为基”的统一经营模式被打破,政治功能和社会功能开始分开,乡镇级政府成为我国政权管理及政府体制的基层单位,人民公社就开始单独成为纯粹的集体经

① 参见柳松、李大胜:《农村集体经济组织的公共开支与税赋负担——来自广东的案例分析》,载《经济问题探索》2007 年第 2 期。

济组织。在乡镇级政权下面，村一级（队一级）建立了农民群众自治性组织即村民委员会，在村民委员会下再设村民小组，由两者分别对本村、本组范围内的各项社会政治事务进行管理。政社分离的目的是要改变原来我国农村人民公社这种政治功能和经济功能兼顾的体制，改为政府管理政治事务、企业负责经济事务，也在此基础上，划分各自的职责范围，建立机构。可是当管理政治事务的政权机构（乡镇级政府、村民委员会及村民小组）都已经建立后，管理经济事务的集体经济组织却未能完全地建立。从农村人民公社变为乡政府，从生产大队变为村委会，从生产队变为村民小组，只是牌子的转变，机构运转的方式没有发生大的变更。① 也正是因为农村集体经济组织没有同步建立起来，本应由农村集体经济组织承担的财产管理功能，也继续由乡政府、村民委员会、村民小组承担，同样是政经合一。② 直到现在，由于立法上的缺陷及历史遗留的原因，即使建立了农村集体经济组织也难以有效运行，其职能几乎完全由村民委员会承担，尤其是在土地管理这一部分，城市近郊的土地涉及土地征收的时候，都是政府直接同村民委员会协商联系，统一进行征收和拆迁工作。已经建立起来的农村集体经济组织受到村民委员会的监督管理（即使是建立了农村集体经济组织的地方，村民委员会和农村集体经济组织都是一套班子、两个牌

---

① 参见罗海平：《异议农村集体经济的性质》，载《中国经济问题》2008 年第 2 期。

② 乡政府和村民委员会具有政府角色和经营者双重角色，使其既能够利用政府角色去做一些普通经营者无法做到的事情，如发动农民集资建设基础设施，也能利用经营者的角色去做一些一般政府无法做到的事情，如运用集体资产从事经营活动。参见陈小君、高飞、耿卓：《我国农村集体经济有效实现法律制度的实证考察——来自 12 个省的调研报告》，载《法商研究》2012 年第 6 期。

子)，受到行政的直接影响。[①] 由此来看，建立农村集体经济组织承担经济功能尤其是土地的开发与合理利用的初衷，已经荡然无存了。

但是，上述初衷也是值得肯定的。因为在计划经济时代，国家就考虑到了政社分离、政企分离，这是很不容易的一步。这一方式在某些农村区域运行得比较好，尤其是在沿海地带，因为经济较发达，接触的信息也较先进。在这次调研的过程中，我们就发现有些区域间接借鉴了沿海的经验，从农民自身的利益出发，由农民自己做主，采取公司制的做法，农民转变为农村集体经济组织管理的公司的股东，公司事务一般也由农民组成的股东代表大会决议。

二、农村集体经济组织的法律地位模糊

现行法律法规直接规定了土地所有权和使用权主体。虽然以上法律法规在具体的规定上具有差异，但总体而言它们具有一定的内在一致性和互补性。《宪法》第 10 条明确规定我国农村集体土地所有权主体是“集体”。但是“集体”这一概念十分抽象，而且我国宪法也并没有明确解释“集体”的含义。不过，依据《民法通则》第 74 条[②]的相关规定，“劳动群众集体”是农村集体经济组织财产的所有权主体，农村集体土地又是集体经济组织财产的一部分。由此可以看出，《民法通则》将农村集体土地的所有权人界定

① 参见李永军:《集体经济组织法人的历史变迁与法律结构》，载《比较法研究》2017 年第 4 期。

② 《民法通则》第 74 条规定:“劳动群众集体组织的财产属于劳动群众集体所有……集体所有的土地依照法律属于村农民集体所有的，由村农业生产合作社等集体经济组织或村民委员会经营、管理。已经属于乡(镇)农民集体经济组织所有的，可以属于乡(镇)农民集体所有。”

为“劳动群众集体”。但是，“劳动群众集体”又包含“村农民集体”和“乡（镇）农民集体”。《土地管理法》第10条对属于民商法范畴的农村集体土地所有权主体制度同样进行了部分规定，并具有一定的法律效力。[①] 该法将农村集体土地所有权主体分为“村农民集体”、“乡（镇）农民集体”和“村内农民集体”。该法也补充规定了农村集体土地的经营管理权的归属问题，将集体所有的土地的经营管理权限授予给了乡（镇）集体经济组织、村内集体经济组织、村民小组。《民法总则》第55条规定，农村集体经济组织的成员，依法取得农村土地承包经营权，从事家庭承包经营的，为农村承包经营户。相较而言，《物权法》的一个显著不同在于改变了农村集体经济组织及村民委员会的功能，即将经营管理权改为代表集体行使所有权。此外，《农村土地承包法》等法律法规也对农村集体土地所有权的权利主体有补充性和完善性的规定。更进一步的是，《民法总则》第96条明确，本节规定的机关法人、农村集体经济组织法人、城镇农村的合作经济组织法人、基层群众性自治组织法人，为特别法人。第99条规定，农村集体经济组织依法取得法人资格；法律、行政法规对农村集体经济组织有规定的，依照其规定。第101条规定，居民委员会、村民委员会具有基层群众性自治组织

---

① 参见《土地管理法》第10条规定：“农民集体所有的土地依法属于村农民集体所有的，由村集体经济组织或者村民委员会经营、管理；已经分别属于村内两个以上农村集体经济组织所有的，由村内各该农村集体经济组织或者村民小组经营、管理；已经属于乡（镇）农民集体所有的，由乡（镇）农村集体经济组织经营、管理。”参见《物权法》第60条规定：“对于集体所有的土地和森林、山岭、草原、荒地、滩涂等，依照下列规定行使所有权：（一）属于村农民集体所有的，由村集体经济组织或者村民委员会代表集体行使所有权；（二）分别属于村内两个以上农民集体所有的，由村内各该集体经济组织或者村民小组代表集体行使所有权；（三）属于乡镇农民集体所有的，由乡镇集体经济组织代表集体行使所有权。”

法人资格,可以从事为履行职能所需要的民事活动;未设立村集体经济组织的,村民委员会可以依法代行村集体经济组织的职能。

可见,虽然农村集体经济主体的地位在法律上逐渐得到确认,但是仍然采取保留“乡(镇)农民集体”、“村农民集体”和“村内农民集体”这三级“农民集体”作为集体土地所有权的主体,并且村民委员会可以代行农村集体经济组织的权利。从最初模糊的“集体”概念具体到“劳动群众集体”再到之后三层次的“农村集体”规定,最后将其归结为“农民集体”。① 虽然在当前的法律规定中,仍有部分表达未将“集体组织所有”和“集体所有”加以区分,但农民集体享有所有权是毋庸置疑的。相关法律规定为农村集体土地所有权的行使确定了法定主体,但是,由于农村集体的法律概念和行权模式都采用了法律模糊的立法形式,这导致实践中农村集体符号化,农民在农村集体中的权利虚置化,并在政府治理社会的结构当中增加了一个夹层。这些法律法规总的来说就是在遵从宪法规定的基础上,进一步明确农村集体经济组织的经济事务管理性质,同时也对其与村民委员会的关系予以界定,但却不是清晰的界定,之间有分离也有重合。法律规定农村集体经济组织和村民委员会都具有管理农民集体所有的土地及其他集体财产的权利,在法律没有明确规定适用情形的背景下,同一对象分属不同的管理主体,势必会有强有弱,村民也会有选择性地管理土地。在中国改革发展研究院课题组所调查的11个省中,100%建立了村民委员会,而大多数省并未建立农村集体经济组织,建立率最高的浙江省也仅为

① 参见陈美球、廖彩荣:《农村集体经济组织:“共同体”还是“共有体”?》,载《中国土地科学》2017年第6期。

5.56%；[1]同样，在统计主题为"农村集体经济组织的独立性"中，只有26.4%的受访农户反映其所在村具有独立的农村集体经济组织，而73.1%的受访农户反映本村的农村集体经济组织与村民委员会的功能合在一起，没有独立性。[2] 在我们所调研的区域中，农村集体经济组织以公司制运行，股东大会即村民大会，股东代表大会即村民代表大会，公司管理人员几乎都由村官组成，原因在于农村政治精英与经济精英重合，所以，在人员和机构组织上也几乎完全重合。在这个意义上来说，虽然农村集体经济组织名义上存在，但不独立于村民委员会运行，在没有建立农村集体经济组织的区域，其功能几乎被村民委员会所取代。这其中的原因有很多，在我国确立家庭联产承包经营责任制后，农村并没有按照中央的要求全面建立起农村集体经济组织，而是建立起乡镇、村、村小组等行政化的组织取代人民公社体制，并由法律规定村民委员会行使某些农村集体经济组织的功能，而且村民委员会、村民议事会、村民代表大会和股东代表大会之间存在较严重的人员交叉和重叠，农村政企合一的问题并没解决。随着《农村土地承包法》的修改，土地承包经营权再延长30年，农民作为承包经营权主体和农村集体作为所有权主体的关系将随着城乡一体化的推进而出现更加分离的情况，解决不了对农村和农民的动员力与组织力不足的问题。乡村治理体系现代化的基本路径是自治、德治和法治融合，最终目标是通过提升基层社会组织能力和法治意识实现乡村振兴，消除城乡二元化。农民集体法律规定的现状显然不利于这一战略的推

① 参见杜国明：《农村集体经济组织的法律地位辨析》，载《生态经济》2012年第3期。

② 参见陈小君、高飞、耿卓：《我国农村集体经济有效实现法律制度的实证考察——来自12个省的调研报告》，载《法商研究》2012年第6期。

进和实现。

三、农村集体经济组织与村民委员会的关系模糊

村民委员会作为自治组织承担着农村的政治社会事务管理工作，负责办理本村的公共事务和公益事业，调解民间纠纷，协助维护社会治安，向人民政府反映村民的意见、要求和提出建议。① 学界有一种观点认为村民委员会没有一个清晰的法律人格，依据在于村民委员会不具备民法上的法人主体地位，村民委员会的法律人格与其所肩负的“协助行政”和“经营、管理集体资产”的职能不相适应；②本课题认为这是不符合事实的，在法律上，村民委员会的职责和权利义务是很明确的。当然，村民委员会不是企业，不能赋予其民法上的法人主体地位，但村民委员会是我国的基层自治组织，从这一点来说，就已经是很明确的法律地位了。只是实践中，村民委员会大多时候是农村事务的管理机构，尤其是在一些没有建立起农村集体经济组织的地方，村民委员会更是起着一个大包干的角色（这里所指大包干，是指政治经济社会等事务）才导致村民委员会的角色不明的现象存在。可见，在建立了农村集体经济组织的地方，则是由村民委员会承担政治管理的职责，农村集体经济组织承担集体所有的土地及其他集体财产的管理职责；而在农村集体经济组织建立不完善的地方，村民委员会几乎完全承担了农村集体经济组织的职责。

① 参见《村民委员会组织法》第2条第1款的规定，村民委员会是自我管理、自我教育、自我服务的基层群众性自治组织，实行民主选举、民主决策、民主管理、民主监督。

② 参见温雪、赵朋飞、覃梦妮：《西部农村城镇化进程中社会治理二元机制设计——基于村民委员会与农民专业合作社的视角》，载《农村经济》2018年第7期。

四、农村集体经济组织不同于城镇集体所有制企业

1992 年 1 月 1 日(在这之前城镇集体所有制企业就已实际存在)起正式施行的《城镇集体所有制企业条例》就规定城镇集体所有制经济属于我国公有制经济的组成部分,城镇集体所有制企业的财产属于劳动群众集体所有。① 我们可以看到,法律赋予了城镇集体所有制企业独立的法律地位,虽然在某些方面受到行政上的直接管辖,但是集体所有制企业能够进行程序性的登记,能够进入市场进行正常的商品交易。随着我国集体所有制企业的改革,绝大多数企业都实现了"独立核算、自负盈亏",很多企业还通过产权改革成了私人企业,具有了独立的公司法人地位。农村集体经济组织与城镇集体所有制企业最大的不同就是农村集体经济组织在很长一段时期内没有一部法律明确其法律地位,没有统一的登记机关,议事程序及规则也散乱于各地方的规定当中,集体经济组织无法参与市场竞争和保障农民的集体利益,出现了有法律地位无法人地位的现实。城镇集体所有制企业具有独立的法律地位,能够进入市场经济,参与商品交易。② 同时,农村集体经济组织,主要承担集体所有的土地及其他财产的管理功能,而城镇集体所有制企业则主要承担的是商品的生产与交易。

---

① 参见《城镇集体所有制企业条例》第 3 条规定:"城镇集体所有制经济是我国社会主义公有制经济的一个基本组成部分,国家鼓励和扶持城镇集体所有制经济的发展。"第 4 条规定:"城镇集体所有制企业是财产属于劳动群众集体所有、实行共同劳动、在分配方式上以按劳分配为主体的社会主义经济组织。"

② 参见王丹:《农村集体经济组织法人的法律定位》,载《人民司法》2017 年第 28 期。

五、农村集体经济组织的局限性

农村集体经济组织有其时代局限性。在当时的历史条件下，国家决定撤销人民公社，实行家庭联产承包经营责任制，并按照行政组织设立的要求，在我国各省市都建立了乡镇和村民委员会，但并非所有地区都建立了农村集体经济组织，集体经济组织就难以对农村经济生产发挥作用。随着我国农村经济的发展，农民收入逐步提高，农村在不断面对和吸收外来先进的组织理念时，已不仅仅只有农村集体经济组织这一种形式来实现经济方面的权益，还有诸如股份经济合作社等。在我们调研的区域中，有新华股份经济合作社、天乡路股份经济合作社等，农村集体经济组织自身在时代的进展中慢慢变迁与蜕化了。

农村集体经济组织具有法律局限性。一方面，在一定历史时期内由于法律不健全，农村集体经济组织无法获得正常的组织资格登记，不能进行融资，不能以其名义参与市场经济，不能与其他市场经济主体进行平等的来往和交易，导致农村土地等集体财产无法在市场中发挥最大的经济效益。① 此外，因国家的拆迁赔偿存在巨大的经济利益空间，实践中不免存在近郊的土地被村中一些干部当作获取利益的工具，侵害了农民的集体利益。因此，农村集体经济组织如若不能以一个独立的组织身份（法人或非法人组织都可）存在，是无法在市场经济中获得一席地位的。② 另一方面，农村集体经济组织的成员主体地位不确定，成员主体需具有什么样

---

① 参见高飞.：《论集体土地所有权主体立法的价值目标与功能定位》，载《中外法学》2009 年第 6 期。

② 参见王丹：《农村集体经济组织法人的法律定位》，载《人民司法》2017 年第 28 期。

的资格,程序上如何确定成员,当成员的利益受到损失的时候,其成员是否可以参照股东代表诉讼的资格提起诉讼,这些都是法律上应该明确规定却没有明确规定的。再一方面,农村集体经济组织的形式也很不明确。目前,没有任何国家层面的法律法规对其形式及登记有规定,只有一些地方性法规和政府规章规定了其组织形式。对于其形式也不统一,有的地方规定为经济组织,不具有独立的法人地位,有的地方却规定其如果具备条件还可以向工商登记机关申请法人登记。如《湖北省农村集体经济组织管理办法》规定,它是具有企业法人形态的,是需要向工商行政管理机关进行企业法人登记的经济实体。[①] 此外,还有很多省市采用20世纪50年代初期的名称将其定位为合作社或者农村互助社。[②] 农村集体经济组织在设立与运行等方面都存在巨大缺陷。农村集体经济组织的局限性导致了它不能成为乡村振兴和乡村治理现代化的主体。

第三节　农民作为独立经济主体的法律地位虚化

在当前的制度框架下,农民的土地财产权在主体和客体上都具有特殊性。土地财产权的主体是农民,但其主体地位被集体吸

① 参见《湖北省农村集体经济组织管理办法》(湖北省人民政府令第114号)。

② 如《广东省农村集体经济组织管理规定》第3条规定:"本规定所称农村集体经济组织,是指原人民公社、生产大队、生产队建制经过改革、改造、改组形成的合作经济组织,包括经济联合总社、经济联合社、经济合作社和股份合作经济联合总社、股份合作经济联合社、股份合作经济社等。"

收，主体性得不到较好体现；土地财产权的客体是土地，法律规定了农村土地的所有权归属集体所有，农民只有占有、使用或转让的权利。这造成了土地财产权在行使时的混乱，最为突出的是，由于土地产权归属的模糊性产生了农民与集体权利之间的冲突，从而导致农民经济主体的地位的虚化。

一、农民独立经济主体地位虚化的表现

（一）农民的切身利益未能得到切实保护

首先，农民未能真正获得集体土地带来的利益。土地承包制度使农民得以通过土地承包合同，依法享有对农村土地的使用权利。实践中由于集体土地和农民利益之间未能建立有效联系，例如，集体土地流转后，农民得到的仅是最基本的补偿，很少能享受到增值收益，现实中存在“人人有份，人人无份”“谁都应负责、谁都不负责”的状况。其次，在集体土地及其利益遭受侵害时，主张权利的主体并不明确。例如，在农村集体土地被征收的过程中，存在农民利益未得到充分保护的现象，如补偿标准过低、不到位和拆迁手段不合法等。但由于集体所有权过于抽象，无组织替农民主张权利，而作为被征收人的农民自己也无法参与谈判，最终导致农民的切身利益受到侵害。①

（二）农民的土地财产权利行使受限

在土地权利的行使方面，农民缺乏独立的市场主体地位，因而其基本财产权利无法得以行使。从理论上说，无论是在农业领域还是在非农领域，法律都赋予农民独立的财产权利，包括自由支配

---

① 参见王利明、周友军：《论我国农村土地权利制度的完善》，载《中国法学》2012 年第 1 期。

其土地,自由支配其土地收益,自由决定其土地承包经营的形式等。① 但随着中国城市化进程的不断深入,农民的土地被大量征收,且农民权利的行使受到集体所有制的限制,而且由于集体经济组织的不当干预,土地未能充分发挥市场化功能,农民难以全面享受土地资产增值带来的收益,导致农民权益受到不同程度的损害。有资料显示,在分配土地因转变用途而增值的权益时,地方政府大约得到60% ~70% 的权益,集体经济组织得到25% ~30% 的权益,失地农民只能得到5% ~10% 的权益,甚至更少。②

二、农民独立经济主体地位虚化的根源

(一)土地产权归属的模糊性

集体所有制是我国社会主义公有制在农村的主要实现形式。宪法明确规定农村土地属于集体所有。③ 从理论上说,农村集体是由农民组成的,集体所有就是农民所有。但深入了解集体所有制的实际运作过程就会发现,农民所有与集体所有的真正含义是完全不同的,这是因为集体所有制这样一种所有制形式是比较特殊的。④ 经过调研我们发现两个问题:第一,集体经济组织成员与农民之间并不是等同关系。集体经济组织成员一定是本村村民,但是本村村民却不一定是集体经济组织成员。第二,理论上的集体

---

① 参见赵万一:《中国农民权利的制度重构及其实现途径》,载《中国法学》2012 年第 3 期。

② 参见张富娟、冯思艺:《我国农村土地资产证券化可行性分析》,载《北方经贸》2018 年第 9 期。

③ 参见《宪法》第 10 条第 2 款规定:“农村和城市郊区的土地,除由法律规定属于国家所有的以外,属集体所有;宅基地和自留地、自留山,也属于集体所有。”

④ 参见赵振军:《论农地集体所有制陷阱——基于农地征用视角的分析》,载《社会科学》2007 年第 8 期。

所有到底是哪个集体所有？土地所有权确认到“组”是集体所有，确认到“村”也是集体所有，甚至乡政府也可以有集体财产，所以就造成了权利归属的模糊性。宪法虽然对土地集体所有的性质作出了规定，但并没有明确农民与集体在土地产权上的关系，从而导致农村土地在产权归属上的模糊，造成农民主体地位的消解。这就使集体经济组织在尚未得到委托授权的情况下，成为事实上的农村土地所有者，享有土地的所有权。①

（二）集体经济组织的有限性

从法理角度来看，集体经济组织只具有有限的人格和有限的权利，并不能成为法律上的最终权利主体。农村集体经济组织虽然具有经济职能，但是由于我国法人制度的不完善，并没有明确规定集体经济组织具体的组织结构，也并未规定其登记程序，因而无法形成健全的企业化治理结构；法律也没有赋予集体经济组织真正的法人地位，造成其不能以其名义独立参与市场经济，导致农村土地等集体财产无法在市场中实现最大的经济效益。所以，当集体经济组织作为产权主体对农村土地最终行使权利时，农民真正的产权主体地位就被事实上虚化了。

（三）集体所有制的运行模式导致农民主体地位虚化

根据一般的所有权逻辑，农民是真正的土地所有权的享有者，土地带来的预期收益和增值其都应有权分享。但是法律服从于制度。在农村土地集体所有制下，农民个体组成了集体，因而集体的权利来源于农民的个体权利。集体拥有土地的所有权，即处分权，拥有土地的使用权，即经营权。但农民的使用权是无法脱离所有

① 参见宋振全、于云荣、王秀荣：《“三权分置”视域下农村集体所有制实现：缘起、维度及思索》，载《农业经济》2017 年第 8 期。

权独立存在的，往往受到集体的制约，而集体在行使权利时却脱离了农民个体，表面上具有了独立性。所以说，集体所有制使土地所有权与使用权分离，导致农民土地使用权无法自由交易。本应进入市场自由流转的土地，事实上却变成了政府征用式的单向流转。通过调研我们了解到，在实践中很难用交易解决问题。农民对自己应享有权利的土地缺少支配权，加之集体经济组织有可能被人利用，进行权力寻租损害农民权益。这个时候农民的主体地位就被集体经济组织吸收，变得名存实亡。

第四节　农村土地主体制度的社会治理缺陷

虽然相关法律对农村经济主体作了较多规定，但是农村集体土地所有权主体和用益物权主体却还是未能得到明确界定，主体内部是否还能够予以细分，有关使用权的内容和行使方式上都还存有疑惑。这也导致法律在现实中的运行出现混乱，并未体现当初的立法原则，进而导致社会治理的混乱。①

一、集体土地所有权主体的法律模糊是社会矛盾的诱因

如前所述，虽然我国已经在法律上明确界定"集体"为"农民集体"，但法律上并未明确界定"农民集体"这一概念的内涵。从理论和实践中来看，"农民集体"的概念依然存有模糊。当前，"农民集体"的法律性质也存在较大争议。按法律规定，农民集体在民事主

---

① 参见孙宪忠：《中国农民"带地入城"的理论思考和实践调查》，载《苏州大学学报(哲学社会科学版)》2014 年第 3 期。

体中没有明确的定位，既非法人，也非自然人。① 而且“农民集体”既不存在完善的组织结构，又不能独立对外承担全部责任。② 在理论学界，有诸多学者对“农村集体”的概念提出了自己的看法。孙宪忠教授认为：“劳动群众集体的概念是不科学的法学概念，因为劳动群众集体的法律形态在法律上无法界定。”③于峥嵘教授指出“农民集体不是法律上的组织，而是全体农民的集合，是一个抽象的、没有法律人格意义的集合群体，它是传统公有制理论在政治经济上的表述，不是法律关系主体。”④理论上，“农民集体”的模糊定义导致实践中难以清楚认识集体土地所有权的主体法律性质。“农民集体”是一个相当抽象的概念，我们往往会想当然地将集体土地所有权主体归结为农村集体经济组织、村委会或者村民小组乃至乡镇政府等。对于文化素质和法律意识普遍不高的农民来说，就更难以理解农村集体土地所有权主体的概念含义。实地调研的数据也显示农民对农村集体所有权的认识存在很多误区。正如“农村土地问题立法研究”课题组 2007 年的调查报告中展示的结果，“41.91% 的受访农户认为自己耕种的承包地所有权属于国家所有；3.56% 认为承包地所有权属于乡（镇）所有；29.57% 认为承包地所有权属于村集体；6.23% 认为承包地所有权属于村小组；

---

① 《民法通则》第 36 条第 1 款明确规定：“法人是具有民事权利能力和民事行为能力，依法独立享有民事权利和承担民事义务的组织。”

② 正如温世扬所说：“‘农民集体’既非自然人，也非法人，它不是一种独立的民事主体，不能作为人格者享有集体土地所有权。”参见温世扬：《集体所有土地诸物权形态剖析》，载《法制与社会发展》1999 年第 2 期。

③ 孙宪忠：《物权基本制度的基本范畴及主要制度的反思（上）》，载《中国法学》1999 年第 5 期。

④ 于建嵘：《我国农村集体土地所有权虚置成因》，载《伊犁师范学院学报》2001 年第 3 期。

17.62%认为承包地所有权属于个人”。①

集体土地所有权主体实际包含了三个层级的主体:即“乡(镇)农民集体”、“村内农民集体”和“村农民集体”。由于存在不同层级的所有权主体,就不可避免地会产生三种不同主体之间的争议。在《物权法》上各个所有权之间应该是平等的,但在实践中却不尽然。实践中,三个层级的“农民集体”成员之间往往存在一种层层包含的关系,而一旦三个不同层级的主体均主张行使对集体土地的所有权时,就容易产生主体之间的利益冲突。一旦冲突发生,下一层级农民集体的权益容易在局部和整体的较量与妥协中被牺牲。长此以往,农村社会的矛盾就必然会凸显甚至激化,这将成为社会主义新农村建设的重要障碍,社会矛盾的频发给乡村振兴和社会治理带来了新的难题。

二、农村集体经济组织缺失法人治理结构产生行权障碍

“农民集体”的土地所有权理论上应该由农村集体经济组织行使,而行权机构需要有权力机构和意思执行机构等比较完整的治理结构,才能成为真正的权利主体,但我国现行法律却并未对此进行规定。

首先,当前法律并未规定相应的权力机构。在法律的梳理过程中,我们发现法律都并没有对此有明确规定。尽管《村民委员会组织法》与《农村土地承包法》的相关规定指出,村民会议或村民代表会议可以对某些涉及土地权益的重大事项行使决策权,但这些规定却并不具有现实的可操作性。例如,有关会议成员的组成及

① 高飞:《集体土地使用权主体制度运行状况的实证分析》,载《中国农村观察》2008年第6期。

具体权限等规定均不明确,实践中往往由作为基层群众自治组织的村委会来代表集体行使。村委会常有滥用权力的倾向,无法有效保障农民集体成员的合法权益。其次,意思执行机构具有法律缺陷。依照《土地管理法》第10条、《物权法》第60条的规定指出,集体经济组织、村民委员会和村民小组都有权经营管理集体土地。通过《土地管理法》与《物权法》的法律规定来看,以上组织是法定意义上"农民集体"的意思执行机构。但在实践中,这些组织机构又都一定程度上存在缺陷:一方面,农村集体经济组织作为"农民集体"的意思执行机构存在很多问题。农村集体经济组织自身法律性质尚未明确,而且现实中缺乏独立性。实践中常与村民委员会合并,村民委员会人员实际上对集体经济组织进行管理,这也导致集体经济组织在农村中只是一个符号,并没有现实的作用和意义。农村中还存在村民议事大会、村民代表大会等机构,集体经济组织的职能也被上述机构取代,呈现出名存实亡的趋势。另一方面,村民自治组织作为"农民集体"意思执行机构的立法目的偏离。村民委员会作为村民自治组织,在现实中却是具有部分政府职能的准行政主体。① 它常常忽视农民的意思表达和权益诉求,导致农民权利被虚化,农民的权益无法得到保障。

可见,尽管我国法律明确了"农民集体"的所有权主体地位,但其内涵并未明确。实践中,集体土地的所有权归谁所有存在争议,而何种组织机构能够行使所有权依然不明晰。上述问题导致"农民集体"这个概念在现实中的可操作性极为有限,并且导致了农民权益和农村集体利益的受损。有学者曾提出:"集体土地所有权在

① 参见吴晓明、屈茂辉:《论征收补偿收益的分配机制》,载《求索》2009年第4期。

运行过程中根本无法得到有效实现，并且造成集体土地所有权形同虚设，甚至在某些地方集体所有的土地异化成为个人所有的土地。"①由于农村集体土地所有权主体地位的虚化和模糊，农村集体土地也因此并不能够得到有效利用。现实中，由于村民委员会取代农村集体经济组织行使农村集体土地的使用权，造成农村中大量集体土地承包经营权的交易实质控制权在村民委员会和开发商之间，使土地承包经营权买卖过程中容易发生寻租行为，导致农民和农村集体的利益受损，从而给农村经济的发展、农村土地利用和社会有效治理带来严重的阻碍。

① 张伟：《集体土地所有权法律制度研究》，载《中国地质矿产经济》2003年第4期。

第八章 乡村振兴背景下农村社会管理的制度优化

如前所述，农业、农村、农民问题事关国家经济发展进程的全局。新中国成立初，我国确立了将土地公有制作为社会主义农村的经济基础，并根据社会发展需要适时颁布法律确定了土地二元所有权制度道路。随着市场经济的发展、城市化的加快和法治国家的推进，农村土地集体所有已难以既满足人的逐利本性与流动性，又实现土地的有效利用与农村的有效治理问题。因此，现阶段的农村社会管理机制已经不能适应土地制度改革的要求，最突出的表现就是农民集体所有权制度存在严重的功能性缺陷，具体包括农民主体地位虚化、社企不分和农民权益受损。本章从现代农业集约化发展和乡村有效治理的角度出发，检讨农村集体经济组织和农民经济主体地位虚化的问题，提出乡村治理体系现代化的基础在于从法律上确认农民成为独立经济主体地位，将集体土地所有权转为统一的国家所有权，消除土地二元所有权制度造成的城乡二元社会结构，从而实现乡村振兴中的社会治理现代化。

第一节　农村社会管理制度调适的要素及其问题

土地制度是农村社会的基本制度，是农村社会管理产生和发展的基础。在历史上，每一次土地所有权制度及其分配制度的重大变化，最终都会引发农村社会管理制度的变迁。反过来，社会转型或者变革往往是由于土地利用制度变化与农村社会管理制度之间的断裂造成的。能否避免断裂成为缓和或加剧社会矛盾、推动或妨碍社会发展的关键因素。随着农村合作化和集体化的发展，村民自治成为基层治理的基本制度，但是，随着土地利用形式的多样化和人口的流动化使农村社会逐步变得开放和多元，传统的村民自治制度已不能适应乡村振兴条件下的社会治理现代化需要，这就要求创新农村社会管理模式，实现乡村治理体系现代化与土地利用制度同步优化。

一、农村土地制度的变化是农村社会管理模式的决定要素

（一）“三权分置”强化了农民独立的经济主体地位

农村土地所有权和使用权属不清，且受到法律限制，农民享有土地所带来的增值利益非常有限，法律规定的权益实现途径受限，从而时有发生征地利益冲突的现象。为了解决这些问题，2016 年

中央提出来完善农村土地所有权、承包权、经营权分置的“三权分置”方案,[①]并写入了新修改的《农村土地承包法》。首先,农民集体是土地集体所有权的权利主体,有权对承包地发包、调整、监督、收回和充分利用,任何组织和个人不得非法干预、损害和非法改变土地用途等;农民集体还有权就征地补偿安置方案等提出意见并依法得到补偿;鼓励农民集体建立民主议事机制以防止权力寻租和代理人风险。其次,严格保护农户承包权,农户可以使用、流转、抵押、退出承包地。最后,赋予经营主体土地经营权,农民集体经承包农户同意,支持新型经营主体开展土地经营权抵押融资、土地股份合作、土地托管、代耕代种等多种形式的经营。相关改革在方向上逐渐回到对农民经济主体地位的确认上,对集体经济组织的功能进一步削弱。

(二)农村土地使用权入市有助于消除二元土地制度

长久以来,农民使用权流转受到严格的法律限制,农民无法从土地这一最重要的生产要素中获取增值和融资渠道,从而造成大量土地抛荒、土地滥用的情况。2015 年 8 月,国务院发布实施《关于开展农村承包土地的经营权和农民住房财产权抵押贷款试点的指导意见》,落实农村土地用益物权,赋予农民更多的财产权,开展“两权”抵押贷款业务,盘活农村资源、资金、资产,增加农业生产长期和规模化经营的资金投入。从立法趋势看,排除农村集体建设用地进入市场的法律障碍,落实同等入市、同权同价和建立城乡统一的建设用地市场成为改革方向,农村土地制度朝着消除二元化的方向迈出了一大步,为乡村振兴中的社会治理法治化提供了治

① 参见 2016 年中共中央办公厅、国务院办公厅印发的《关于完善农村土地所有权承包权经营权分置办法的意见》。

理基础。

(三)乡村治理中的征地制度变革强化了农民主体地位

完善征地拆迁制度,赋予农民更多地参与和监督权,这为乡村治理强化了农民主体作用。从《宪法》《物权法》《民法总则》再到《农村土地承包法》,对土地征收征用制度的规定不断进步。从立法趋势来看,征地补偿费用中增加了对被征地农民的住房补偿和社会保障费用,用区片综合地价取代年产值倍数法,不再将农民居住的地方作为附着物进行补偿,而是作为专门的财产权明确给予公平合理的补偿,征地程序、征地范围将更加明确。农民作为独立经济主体法律地位得到明确,其基于土地利用享有的权利更加明确,这有利于提升农民参与村民自治的能力,使农民从法律上成为乡村治理的主体。

二、我国农村治理现代化下土地制度变革的不足

综观近年来我国农村土地制度的发展和改革方向,不难发现,我国农村土地制度改革正在朝着明晰产权和保障农民权利前进,但新近改革措施仍然具有不足之处。首先,农民集体土地所有权废止还是保留并没有给出明确答案。“三权分置”重申了农民集体对集体土地的权利,但并没有从根本上解答“农民集体”范围模糊的问题。同时,也没有回答农民集体经济组织和村民委员会的权限划分问题,因此,政企不分的忧患仍然存在。其次,排除农村土地承包经营权和建设经营用地使用权入市的障碍,但是,宅基地的入市则仍然没有明确的方向。农村住宅大量闲置,出现了大批“空心村”。农村集体经济内部并没有对住宅建设用地的需求,如果腾退的宅基地主要在集体内部分配使用,并不符合市场供求规律。同时,目前的改革也还不能为改造大规模的城

中村小产权房问题提供解决方案。再次,如何“合理补偿”仍然没有解决。实际情况是,农民看到征地价格与住宅开发用地价格之间的巨大差异,会产生价比落差,政府作为土地利用的全盘掌握者似乎并不合理,根本问题还在于如何充分发挥市场调节作用,推进各类土地入市,建立合理的比价关系,而政府应该用税收或其他方式弥补费用,从而建立公平公正的土地利用环境。最后,农民权利的实化仍然缺乏可操作性和普遍性的规范和制度。虽然已有试点地区发现不少实行农民权利的组织模式,如股份制化。但是,这些改革如何与乡村振兴社会有效治理相结合,仍然在理论上和制度上没得到明确。

第二节　重构农村社会管理主体制度的集体经济组织法律地位

一、社会有效治理需要改革集体经济组织

集体经济组织产生于特定时期,在计划经济时代,生产力发展水平落后,市场封闭,生产要素不流通,由国家和集体统一安排农业生产的种类和质量,对农产品也统一收购和销售。这在特定历史条件下,促进了土地资源价值的实现,保障了农民的利益。随着生产力水平的提高,城镇化进程的加速,市场走向开放,走向自由竞争,资源、信息等要素在更广阔的空间流通起来,集体经济组织已无法满足市场经济对资源流通的需求。伴随人民公社的解体,原属于生产队的土地所有权便也不复存在。1978 年的家庭联产承包经营责任制,在一定程度上否定了集体劳动,也瓦解了农村土地集体所有权存在的支撑点。而近半个世纪的实践,也未能探索出

一个新的组织来代表农民集体，去真正关心土地和农民的利益。[①]而城市集体所有制消亡后，并未出现巨大的社会动荡。城市取消集体所有制，辅之以逐步完善的社会保障等配套政策，随着社会的进步，工人们的生活得以基本保障，生活质量也逐步提升。因此，反观农村，集体经济组织已无法适应现有的生产力水平，其退出历史舞台，也不会出现社会的动荡，反而有助于提升农民在乡村治理中的主体地位。

二、有效治理背景下农村集体经济组织的地位取向

通过对农村集体经济组织法律地位与功能的论述，分析其自身的局限性及发展趋势可得知，当前社会转型急剧加快，既有的土地制度和村民自治制度已经难以协调种种突出的矛盾，解决当前集体所有制主体虚位的问题。一是明晰产权归属。此次调研过程中，在农村集体经济组织运行得良好的区域，其经验首先在于要明确农村土地的产权，包括面积和性质（如自留地、建设使用地、宅基地）。一一颁证确权后，便于村民自己选择土地的流转方法。农村集体所有的土地要按照“谁累积谁所有、谁所有谁受益、谁投资谁受益”的原则，清晰明确界定产权，把土地所有权明确到农村集体经济组织名下，由农村集体经济组织直接而高效地管理，以便于土地等集体所有的财产的流转和交易，发挥其最大的经济效用，为农民谋取最大的利益。二是法律保障。目前农村集体经济组织的困境与问题，就在于缺乏法律的明确界定，农村集体经济组织原本是一个政策概念，立法者直接采用了这一政策概念，却没有对其作出

① 参见黄韬著：《中国农地集体产权制度研究》，西南财经大学出版社 2010 年版，第 4 页。

清晰的定义。30年的实践过程，也是各级政府及村民委员会摸索的过程，而由于广东、北京、浙江等省市的规定不一致，导致法律规定不统一。因此，建议应该尽快出台“农村集体经济组织法”，或者暂时授权国务院先行制定条例也可，明确其法律地位、设立登记程序及内容、议事规则、议事主体、责任承担等，便于农村集体经济组织更好地行使土地管理及其他财产管理的经济功能。三是政企分离。人民公社时期，人民公社既要管理行政方面的事务，又要负责集体土地的管理及其他财产的管理，导致社会发展缓慢，甚至出现倒退的现象。1978年十一届三中全会以后，建村改制，决定建立农村集体经济组织本身应该是一个大的进步，但是，却因为政治和法律的原因及实践的需要而导致农村集体经济组织无法发挥其应有的作用。因此，在以后的农村社会改革中，一定要注意政企分离的问题，从法律上和实践中立法。

总之，无论是农村集体经济组织的变迁，还是城镇集体所有制经济，都是一个时代的产物，应当合乎当时时代的背景。但是30年过去，计划经济向市场经济转变，农村经历了翻天覆地的变化，很多农民进城务工，在城里买房立业，成为居民，这部分人的农村土地大多闲置，由于没有较好的土地利用制度，也没有一个统一的组织来对闲置的土地进行管理，所以，导致农村大片土地的荒芜。因此，农村社会管理制度也要随着时代背景的变迁而变迁，才能更好地促进城镇化的建设。

第三节　重构农村社会管理主体制度中的农民法律主体地位

一、社会有效治理下农民主体法律地位的确定

由上可知，农民既是农村土地利用权主体，也是乡村振兴中的社会治理主体，两者互相关联。首先，农民具有人格的独立性。在市场经济环境下，作为合法公民，农民本身是具有独立人格的主体，享有独立的权利，包括对其财产的支配权（如土地经营权）。只要是自己的财产权，都应该有独立的支配权。这是宪法法律赋予的，不允许其他组织或者个人随意干涉或者侵犯，这是确认其市场主体地位的基础。但在目前的制度下，农民的主体地位被集体经济组织吸收，其土地财产权也由集体经济组织代为行使。而集体经济组织具有有限的人格和财产权，更受限于法律确定的权能范围。因此，它不是一个完全的市场主体，不能代表众多农民作为独立人格个体的所有利益诉求，更不能有效代替众多农民行使权利。在这样的环境下，集体经济组织的经济职能发挥受到极大限制，甚至处于停滞状态，无法担当市场主体的职责。随着市场化和法治化的不断深化，法律上逐渐确认了农民的主体地位，农民在社会治理中的主体地位越来越得到体现。其次，集体经济组织主体地位未得到充分发挥，其法律地位与政治地位的混同导致了参与治理的成本攀升，其地位逐渐让渡给农民主体。科斯提出，“如果企业的成本曲线是向上倾斜的，在完全竞争条件下，企业会受到规模上的限制；而在不完全竞争条件下，企业受到规模限制是因为当边际收益等于边际成本时，企业不愿意付出

比产出更大的生产代价”。[①] 依此原理，农村集体经济组织的存在价值由其社会成本决定，当成本大于收益时，集体经济组织参与社会治理的主体地位将下降，这为农民主体地位的发挥提供必要条件。

理论上，集体经济组织主要担负着统一经营管理的职能，且其各项职能均应体现对农民集体所有的土地及其他集体财产的经营管理。但在现实中，大部分地区的集体经济组织经济职能弱化，往往很少展开集体经济活动，建设非常不完善，集体经济组织名存实亡。集体经济组织显然不能胜任其在理论上及法律上所被赋予的职责。这是因为，一方面集体经济组织是在缺乏统一成熟的经济活动的基础上勉强设置的，这也受到市场经济体制下阶段性结构调整的影响；另一方面则是由于其职能行使方式脱离了农民的参与和监督。可见，集体经济组织并没有带来其本身应有的收益，相反，其存在却耗费了人力、物力等各方面成本。因此，农民的主体地位需要从集体经济组织中分离出来。

二、社会治理现代化下农民主体的运行机制

综上所述，政策或法律不应对农民基于土地的各项权益进行过分束缚，必须改变农村土地集体所有的管理模式，确立农民的市场主体地位。[②]

（一）集体经济组织应当进行职能改革以强化农民主体地位

为了适应乡村振兴和社会治理现代化的需要，可将其职能限

---

① Ronald H. Coase, *The Nature of the Firm: Origins, Evolution and Development*, Oxford University Press, 1937, pp. 386 - 405.

② 参见张千帆：《农村土地集体所有的困惑与消解》，载《法学研究》2012 年第 4 期。

定在协调成员利益关系，组织生产服务和集体资源开发，规划生产布局等统筹规划和服务层面，让农民自己进入市场参与土地流转，使其成为真正的市场主体，自由处分自己的权利。在对公共利益不造成损害的基础上，农民应该自主决定与城市居民达成互惠交易，并以自己的劳动逐步实现城镇化。不同的土地有不同的利用方式，有不同的价值，从而应该用市场交易的秩序进行管理，而不能用社会管理的思路去解决，这是农村社会管理创新的重点所在。所以这类涉及土地的交易，应该均由农民自己做主，自己进入市场交易，自担风险，自负盈亏，而无须由集体经济组织代为行使。这样，农民就可以作为独立的市场经济主体自由支配自己的权利，享有自己财产的收益，其独立性就得以确立，实现了其主体地位的实化。从调研中我们得知，如今 B 区的一个做法就是将集体财产股份化，让农民以入股的形式实现对集体财产的所有权。在实际运作过程中，整个村都有一些资产进行经营并获取利润，集体经济组织也会开发一些项目获得利润，作为集体经济组织的成员，年底的时候就可以得到分红。一般情况下是按照股份来分红，各个经济组织的收入状况不同，其分红也不同。而在监督机制上是实行自我监督，进行财务公开的会议所有参与的农民都会亲自参加，各类明细都会有公示，且不会受到政府的干预。若是发生村干部私吞的情况，纪委会进行相关调查处理，而且村民还有投诉权作为最后一道防线。这一做法有很多可取之处，可以作为过渡时期的政策施行。

（二）建构保障农民行权与防止政府过度强制干预的制度

如果要真正发挥农民在社会治理中的主体作用，就需要从根本上解决农民的土地财产权的保护问题，实现农民主体地位的真正实化，必须还权于民，通过市场交易手段来保障农民的主体地位。具体的途径是：首先，需要做好土地、房屋等确权工作；其次，农民进行市场交易时政府不得强行干预，充分尊重农民的意愿；最后，必须限定某些地域不能开发，并且保证政府不强制征收土地。这样，就能让农民真正进入市场，自由进行交易，名副其实地享受宪法法律赋予其的财产权利，实现其主体地位的实化。因此，为了顺利发展农业以及建设新农村，必须确认并保护农民的主体地位，明确农民的权利义务关系。从现阶段农民权利较多受到侵害或无法保障的现实来看，归还农民作为市场主体应该享有的权利，消除影响农民自由行使土地财产权的制度障碍，是实现城镇化的必经之路。

第四节　构建农村社会治理体系现代化下的土地国家所有权制度

如上所述，城乡二元社会结构源自二元土地制度，以及集体经济组织和农民主体地位的虚化。从宪法和法律有关规定看，集体经济组织的主体即为农民集体，在实践中有三种形式：第一，乡（镇）农民集体；第二，村农民集体；第三，村民小组集体。但实践中集体土地的所有权主体制度面临现实困境：第一，集体土地所有权的主体法律内涵模糊，农民集体是何种性质的民事主体？是否具有法律上的人格？这已经成为制约集体土地所有权的根本因素。第二，集体土地所有权主体缺位，在很多地区，作为集体土地所有者的农民集体经济组织，或早已解体或仅形式上存在。第三，集体土地所有权主体利益虚化，农民切身利益未得到保障。① 从实践看，土地二元制度是导致社会治理主体缺位的根源，也影响了农村社会管理参与主体的作用发挥，进而构成了城乡二元社会结构。从20世纪后半期至今，针对上述困境学者们提出制度变革的主张，对集体土地所有权是否保留、集体土地私有化还是国有化等问题进行了广泛论争。我们认为，乡村治理体系现代化需要构建具有支撑下的土地利用制度系统，这是农民成为治理主体，乡村全面发展和实现城乡一体化的基础，因此从基础性制度上讲，农村社会管理制度的因应与家庭联产承包经营责任为基础的土地利用制度的变革是同一个硬币的两面。最初的土地集体所有制是根据当时的生产力和生产方式设计的，而集体所有制已经不能够适应当前的生产力水平。在我国公有制的制度背景下，土地集体所有制和国家所有制是统一的，并不需要分开。将土地国有化，可以提升国家对土地的控制力，可以减少由于产权问题产生的制度转换障碍，节省转换成本；也可以减少权力寻租的现象，避免权力的异化，能够更好地保护农民的利益，也能够更好地保护国有资源。② 从这个角度讲，社会治理的制度因应也就是维持家庭联产承包经营责任制，取消农民集体所有，让农民成为独立的经济主体，实行农村集体土地国有化，由此达成城乡一体化发展和一体化治理，这是乡村社会治理体系现代化的关键所在。

一、农村集体土地国有化是构建乡村有效治理制度的基础

综上所述，土地利用制度的变化既对农村社会管理制度变化

① 参见高飞著：《集体土地所有权主体制度研究》，法律出版社2011年版，第103～124页。

② 参见罗红艳：《国家集权与集体土地所有权虚化》，载《农村经济与科技》2018年第9期。

提出了要求,也为其变化提供了条件。随着城市化的发展,市场经济的深化和依法治理的深入,改变城乡二元社会结构的制度基础,已成为实现城乡一体化的基础,这是实现乡村社会治理体系现代化的根本所在。所以,农村社会管理制度要必然转换到乡村社会有效治理的路径中,就要求从法律上改变原有农村集体土地权利主体体系混沌的状态,既要明确土地所有者也要明确利用者的法律地位,这决定着各自在农村社会治理中的法定地位和作用发挥。由于乡村治理体系现代化要求农民成为社会治理的主体,这就要求强化国家治理能力和农民的产权主体地位。但是,现有的土地制度存在二元化弊端,对消解城乡二元化社会结构造成了很大障碍,因此农村社会管理制度创新的基础性制度在于土地利用制度和土地所有权制度的变革。当前土地利用制度的创新已得到法律的确认,而二元土地所有权制度已实行了半个多世纪,对我国经济发展和社会管理功不可没。但是,随着土地利用制度和社会治理机制都已发生了重大变化的情况下,土地所有权制度已不适应社会发展和社会治理的需要了,①因此,改变农村土地所有权制度已成为构建新的农村社会治理现代化体系的突破口。

第一,集体土地国有化可以实现农村集体土地所有权的社会化。国家作为土地所有权主体,在行为上能够发挥其应有的理性,而且国家是比较分散抽象的集体土地所有权主体,更有利于资源的优化配置和充分利用。第二,集体土地国有化有利于消除城乡差别,解决不公平现象。在农村,地权作为关键因素决定着一个人的经济、社会和政治地位,在农村土地承包经营过程中,已经显现

---

① 参见潘学方:《社员的演变和集体所有制的终结——基于浙江村经济合作社股份制改革的分析》,载《中国农村研究》2016 年第 1 期。

出不公平现象，政企不分带来的权力寻租最终受损的是农民的利益。而实行土地国有化为解决该问题提供了前提条件。第三，集体土地国有化可以满足农村与城市双向对流的需要，为社会均衡治理和农村持续发展提供基础。当前农村中已经出现许多耕地荒芜的现象，但是，农民还是会选择进入城市寻找更优良的就业机会，然而城市中由于工作机会供给与需求不平衡，城市的失业率已经攀升。农民单方面涌入城市，城市与农村之间不能形成双向对流。农村集体土地国有化可以为形成全国统一大市场排除区域障碍。第四，集体土地国有化可以解决土地征收的难题，有效避免因此而生的社会矛盾。通过提高土地的征收补偿标准，是不能有效解决当前农村集体土地征收的难题的。要想根本性解决此问题，有必要从制度层面着手改革，农村集体土地走国有化道路，变土地保障为社会保障，从而避免社会矛盾的发生，提升社会治理实效。第五，集体土地国有化可以解决集体所有权权利虚化问题。实践中，国家对集体土地所有权在处分和收益等方面权利具有立法限制权，集体土地所有权已经是一种“不完全的国家所有权”。因此，实行集体土地的国有化也是为其“正名”，将集体所有权变为国家所有权以后可以避免原有的代理人风险，从而真正建立农民独立的经济之地位，为社会治理提供基础。第六，集体土地国有化是土地综合整治和管理的需要。集体土地国有化是强化政府对土地管理的需要，集体土地国有化有利于增加国家在乡村治理中的直接作用。第七，集体土地国有化还是保障粮食安全的需要。国家管理通过统筹规划和合理的安排对农地进行宏观调控，国有化是增强国家调控能力的基础,①国家调控能力与社会治理能力是直接相关的。因此,集体土地国有化有利于实现上下治理的联动,由此构建农村社会管理走向治理现代化的基础。

当然,实行集体土地国有化有可能产生一些风险,从而阻碍社会治理现代化的实现。现阶段,集体土地国有化的路径选择主要有"无偿宣告"和"有偿购买"两种方式。前者有可能会使农民产生一种剥离感,容易激起广大农民的不满情绪,甚至会影响社会秩序的稳定;而后者需要考虑国家的经济实力。集体土地国有化之后会产生新的问题,一是对农村社区如何治理;二是在中国广大农村地区,农户的分布相对分散,客观上造成了国家无法有效行使所有权的难题。我国现阶段实行的农村土地集体所有制和家庭联产承包经营责任制,产生于农村经济关系和社会秩序基础之上,有着坚实的社会基础,受制于以农民家庭为单位的利益分配格局,目前实行农村集体土地国有化很可能带来制度风险,甚至使农民的切身利益受到影响,无法有效实现"还权于民、让利于民"。

二、农村集体土地国有化与社会有效治理具有相同制度基础

农村土地国有化综合考虑了土地稀缺的特点,为土地集中和规模化经营提供了制度保障,能有效解决集体所有权主体虚位和管理混乱的现象,为土地的流转提供支持,但是,同时也要看到土地国有化面对的现实困难,要慎重考虑国有化后农民利益的保障及农村社会管理中面临的困难。在有意识地需求克服其风险的基

① 参见高飞:《集体土地所有权主体制度研究》,法律出版社 2011 年版,第 26～28页。

础上，农村土地所有权国有化以后将使农民成为真正的权利主体，并彻底根治城乡二元化及其带来的社会治理二元化问题，从而为法治的平等均衡实施奠定基础，这也是乡村社会治理现代化的根据所在。

首先，农村集体土地国有化具有政治基础。我国《宪法》第1条规定，中国的根本制度是社会主义制度。[①] 公有制是社会主义的本质特征之一，坚持社会主义道路就必须坚持社会主义公有制。[②] 土地是农村最基本的生产资料，故在社会生产中坚持社会主义道路就应当坚持农村土地的公有制，和城市土地一样实行国有化。[③] 这也是我国农村土地所有权承载的政治功能的体现。[④] 当前政治体制背景下，土地私有化行不通。

其次，在市场经济中，土地资本化形态开始形成，为国有化以后国家资本的有效治理提供了基础。[⑤] 农村土地国有化是土地资源优化配置的需要。土地是不可再生资源，将农村土地国有化，由国家整

① 参见《宪法》第1条第2款：社会主义制度是中华人民共和国的根本制度。禁止任何组织和个人破坏社会主义制度。

② 此观点在学术界存在不少争议。坚持公有制是社会主义社会的本质特征的代表性观点，参见周新城著：《什么是社会主义》，经济科学出版社2000年版，第109页；坚持公有制并非是社会主义社会的本质特征的代表性观点，参见范恒山著：《所有制改革：理论与方案》，首都经济贸易大学出版社2000年版，第111～118页。

③ 1982年4月15日的"制宪修改委员会全体会议记录"显示，在制宪当时，有部分人主张土地全部收归国家所有，但考虑到当时农民所获得的土地，是处于特定的时代背景之下，即在中国共产党提出"分田地"的号召下，为了夺取和巩固政权中国农民作出了巨大的牺牲才得以换来的，突然宣布农村土地为国家所有难以被农民接受，而且当时没有实际意义，因而最后采取了彭真等人主张的折中办法，即先规定城市土地属于国家所有，其他"以后慢慢来"。参见蔡定剑：《宪法精解》，法律出版社2006年版，第195页以下。

④ 参见高飞：《集体土地所有权主体制度研究》，法律出版社2011年版，第217页。

⑤ 参见蒋省三、刘守英、李青著：《中国土地政策改革：政策演进与地方实施》，上海三联书店2010年版，第248页。

体规划土地的用途，一方面有利于优化配置现有土地资源，另一方面有助于对土地的长期管理，同时为城镇化进程中统筹开发农村土地和城市土地提供支持，也有利于推动农业和工业间的均衡发展。[①] 根据契约理论对国家的解释，国家可以潜在地提供一个节约利用资源的框架。根据诺斯的分析，国家还具有为契约各方实现各自利益最大化工具的功能。农村土地国有化也是土地规模化经营的需要。大多数国家或地区均加强了农村土地的立法，以实现传统农业向现代农业的转变，促使农村土地规模化经营。[②] 在实地调研中发现，经过多个世纪的耕作，现在土地每亩单产几乎达到极限，加之在城镇化进程中大量农村人口转移到城市，农村抛荒现象越发普遍。将农村土地国有化，不仅有助于国土综合整治与合理开发，也便于因地制宜发展现代农业，以实现土地高效率利用与规模化经营。

最后，农村土地国有化具有政策支持。土地确权为土地国有化提供基础。2008 年，我国启动对农村集体土地所有权与承包权的确权工作。[③] 2008 年，农业部首先在全国挑选 8 个县进行试点工作，从 2011 年到 2012 年，试点县扩大至 50 个，在 2013 年试点范围将继续扩大至 150 个县，以期为全面铺开登记试点工作积累经验、创造条件。[④] 中央一号文件不断强调落实土地确权工作，中央强调全面开展农村土地确权登记颁证工作，计划用 5 年时间，完成农村

---

① 参见肖冰：《农村土地产权制度重构思路比较及启示》，载《中国经济》2007 年第 6 期。

② 参见高飞著：《集体土地所有权主体制度研究》，法律出版社 2011 年版，第 220 页。

③ 参见郭晨阳、陕永杰：《土地确权背景下农民土地流转意愿影响因素实证研究——以山西省洪洞县为例》，载《山西农业科学》2018 年第 1 期。

④ 参见顾益康、孙永朋：《农民大规模转移与农业生产经营体制创新——构建新型农业双层经营体制的战略思考》，载《中国乡镇企业》2011 年第 3 期。

的土地承包经营权的确权登记颁证工作。[①] 调研中的 B 区现已基本完成土地确权工作，大部分省市也在具体实施中，在城镇化背景下对农村土地进行确权，界定土地产权，明确土地权利，以保障土地权利人的合法权益，同时为土地的流转提供条件，也为土地国有化提供现实基础。通过农村土地国有化，整个社会结构将发生根本性改变，农民主体地位将进一步体现，农民参与社会治理的主体地位将得到更加充分的法律保障，这恰好满足了农村社会治理现代化的基础性制度要求。

第五节　构建农村社会治理现代化的制度体系

由上可知，随着社会主要矛盾的变化，将土地所有权和土地使用权捆绑在一起的农村社会管理模式必将转向以农民为主体和利用价值为核心的城乡一体化社会治理体系。这既涉及农村集体经济组织法律地位的变化，也涉及农民在土地使用权当中的法律地位的变化。尤其是将承包经营权和土地所有权分离以后，“三权分置”改革带来的农村土地利用权力体系的变化对社会权力结构和社会利益结构进行了重构，原有的农村社会管理模式已经不能适应社会发展和法治建设需要了。中央明确提出了要实现农村基层

① 《中共中央　国务院关于加快发展现代农业进一步增强农村发展活力的若干意见》（中发〔2013〕1 号）中指出：全面开展农村土地确权登记颁证工作。健全农村土地承包经营权登记制度，强化对农村耕地、林地等各类土地承包经营权的物权保护。用 5 年时间基本完成农村土地承包经营权确权登记颁证工作，妥善解决农户承包地块面积不准、四至不清等问题。加快包括农村宅基地在内的农村集体土地所有权和建设用地使用权地籍调查，尽快完成确权登记颁证工作。

社会治理体系的现代化,这就必须包含治理主体现代化,治理基础现代化,治理方式现代化,治理手段现代化,并由此实现自治、德治、法治融合基础上的有效治理、社会利益的均衡配置和权力结构的合理分布,消除城乡二元社会结构。①

一、农村社会治理体系现代化的价值取向:保障农民利益

以人民为中心即是共产党的执政基础,也是社会进步的基本表现,因此现代化的乡村治理体系必须以保障农民利益为核心。如上所述,农民利益的集中体现就是农村土地利用权在法律上如何确定。对于农村集体土地能否走国有化道路,最大的顾虑是担心农民的切身利益会被剥夺。但在综合实地调研的资料中发现,通过市场供应价值和契约精神可以解决此问题,即采用民法手段而不是行政法手段,通过公开谈判,市场化土地资源。先和农民谈好征收协议,然后政府将土地通过市场出卖,将所得收益补偿给农民,这样就不存在强制征收。在B区的调研中发现,此区已基本完成土地确权颁证工作,为将来整理土地中确定宅基地占建设用地的比例提供依据。土地整理的资金来自集体建设用地的流转收益,若是此部分资金不够,由政府补贴资金。根据自愿原则,流转一定要先征得农民的同意,由农民自己做主。同意流转的农民,社会保险和补偿也相应落实到位,流转后不存在农民了,都变为市民。农民也仅是一种职业而不是身份。作为生产要素的土地也可以在市场上流通,充分发挥其价值,适应市场经济的发展。而农民

① 本部分为作者已于学术大会发表的阶段性成果的内容,参见唐清利、姜婷、郝钰源、胡琪龙:《城镇化进程中农村土地国有化的制度设计》,载《2013年第六届中青年专家学术大会论文集》。

的利益也得到保障，且收益也会增多。[①] 可见，农村集体土地国有化并健全相配套的农民利益保障制度，是完全能够保障农民利益的，并且能够为消除城乡二元结构奠定基础性的制度。

二、农村社会治理体系现代化的社会保障体系

在构建农村社会治理现代化体系当中，农民权益的保护是重中之重，也是土地国有化和各项社会管理制度改革应首要考虑的问题。农民土地一旦被征用，他们失去的不仅是土地，更为重要的是土地上所承载的社会保障。而现有农村社会保障制度的匮乏，也是阻碍农村土地合理流转的关键因素之一。为此，完善现行社会保障体系，实现社会保障在农村全面覆盖。第一，制度上：完善与社会保障相关的法律法规，提高农民现有的社会福利权，使农民能与市民一样，共同享受国家和社会提供的诸如文化、教育和医疗保健等方面的社会公共福利，提高生活质量。第二，内容上：建立分类分层的农村社会保障体系，提高新农村合作医疗的保障水平；增加农民生育保险和农村自然灾害损失补偿的社会保险项目；将失地农民纳入城镇社会保障体系，享受国民待遇；扩大社会保障资金的来源渠道，减轻农民的个人负担等，将对农民的保障落到实处。

三、农村社会治理体系现代化的基本原则：土地利用市场化与耕地保护原则

乡村社会治理现代化与市场化和法治化是密不可分的，市场化带来了农村的契约意识和交易习惯，从而使农村社会固定的利

① 参见王嘎利、李红波：《我国农村土地流转制度创新之评析与未来路径选择》，载《长春工业大学学报（社会科学版）》2012 年第 2 期。

益结构变成了流动的利益结构,农村社会在市场化过程中既获得了与城市相同的发展机会,也获得了对规则和法治尊重的社会基础,从而为乡村治理体系现代化准备了社会条件。反过来,法治化是市场化的根本保障,法治化改变了农村在传统当中长期运用的社会矛盾解决方式,法治化确保了农村社会按照市场的规则进行运转,并且解决了农村社会组织能力建设的问题。市场化和法治化成为推动乡村治理体系现代化的两大动力,而支撑这两大动力有效发力的就是国家、社会和农民都能够从构建社会治理的体系当中实现共享共治。一方面,国家、社会和农民的利益交集就是土地,我国当前确立的是农村土地集体所有,农民可以实行家庭联产承包经营,并通过立法确认了所有权、承包权和经营权相分离的权利结构,并希望通过这一套权力结构,能够把农村的社会治理代入规则化和有效化。如前所述,土地利用市场化是保障这一套权力体系有效运行的基础,也是通过市场发挥国家、农村社会和农民在社会治理中达成共识的关键性支撑,因此,必须坚持土地利用的市场化,允许不同区域的农民通过市场交易获得土地,以促进生产要素的流动和组合,实现土地资源的优化配置。① 另一方面,市场化并不是放弃国家对土地利用的管理,前文对英国、美国和日本土地利用制度的考察也充分说明了甚至在土地私有制的条件下,即使土地利用高度市场化,国家对耕地的保护和对土地用途的规划是传递国家对农村社会治理意图的主要方式,也是通过国家干预对单纯市场中的经济人理性带来的市场失灵的防范。因此,构建乡村治理体系必须同时关注对市场化的尊重和国家对耕地保护的底

① 参见黄韬著:《中国农地集体产权制度研究》,西南财经大学出版社 2010 年版,第 187 页。

线干预。

四、农村社会治理体系现代化的基本途径：社企分开

从调查研究看，当前农村集体经济组织与村委会存在同一现象比较普遍，《民法总则》和《农村土地承包法》确定集体经济组织的职能被村委会代行，容易导致社企不分。从法律运行效果来看，村民委员会和农村集体经济组织合二为一对于推动农村社会经济发展和社会管理起到了一定的积极作用，它便于村民委员会在农村集体土地的流转当中发挥主导作用，弥补了农村集体经济组织治理结构不健全、法律地位模糊、设置不普遍等问题。但是，其带来的消极影响也是不容忽视的。首先，模糊了村民委员会的社会管理职能，因为对土地利用的话语权可以带来更为直接的利益，导致村民委员会在行使经济职权和社会管理职权的时候，更愿意把精力集中到经济职权的行使上。其次，弱化了农村集体经济组织和农民在社会经济发展与社会治理当中的主体作用。在实践当中，村民委员会对土地的流转以及土地的征用征收具有较大的话语权，农村集体经济组织往往仅在签订合同的过程当中出现，从而导致农村集体经济组织的经济职能虚化，并且由于村民委员会决策模式采用的是村民大会和村民代表大会的方式，容易导致采用民主的方式掩盖个人利益的诉求，农民在经济发展和社会管理中的主体地位虚化。因此，要实现乡村治理体系的现代化，就要实现设计分离，村民委员会不再作为集体经济组织的法定代表人；村民委员会只负责政治管理，回归政治职能，负责社会管理。同时，赋予集体经济组织独立的经济地位并健全其法人治理结构，尤其对农民要从法律上确认其独立的经济主体地位，村民委员会不得干预农村集体经济组织的运作。此外，建立专业委员会、合作委员会

来管理企业。集体经济组织单纯地实行经济职能，治理结构采用公司制法人结构。

五、农村社会治理体系现代化的基础平台：设立农村产权交易所

土地利用的市场化需要有一个统一的交易平台和统一的交易规则，这也是构建农村社会治理体系现代化的基础平台。从课题组开展的广泛调研发现，制约农村土地流转的核心问题在于缺乏实现市场化的一个平台机制，由此导致了农民对整个社会管理的规则意识缺乏统一性，因此，必须建立一个统一有效的基础性平台。目前正在进行的土地确权颁证工作为产权的明晰提供了基础，这也是推进农村社会治理基础交易性平台建设的契机。我们建议，成立专门的农村产权交易所，其目的是为农村产权流转和交易提供平台和场所，农民可以将自己手中的承包经营权及其他相关的土地权利证券化，在交易所进行交易，自由买卖，实现产权与产权凭证的分离。具体操作可参照上市公司的运作模式，公司股票与公司治理分离，我们也可以从国有企业改制上市的经验当中找到一些推动农村土地财产权利证券化的经验。通过这种方式可以为农村经济发展带来有效的社会资本，并且由于资本并没有改变农村土地所有权的格局，只是改变了土地利用当中的发言权，在国家可以通过印花税抽取一定比例的资金，建立比较完善的社会保险体系的基础上，其风险是可控的，而且还能够改善农村社会治理主体积极性不高和缺乏参与度的难题。

六、农村社会治理体系现代化的监管平台：设立农村产权交易监督委员会

为了防止商业资本对农村土地利用带来危害，我们可以借鉴

证券监管的做法,设立农村产权交易委员会对农村土地利用相关产权交易进行监管。农村产权交易所是中介服务机构,为农村产权流转和交易的双方当事人提供平台。要树立和确保农村产权交易所的公信力,建立相应监管制度和监督机制尤为重要。设立农村产权交易监督委员会,明确监管的职责和范围,明确交易必须发生在专业经营组、合作社中,且资金必须用于农业生产,股份产权可自由流通等,通过资本监管、市场监管等方式有效地将国家政策意图贯穿到农村土地利用相关权利的交易过程当中,将会对农村的利益结构、权利结构和社会结构带来重构,也可以充分调动市场机制,完成对农村社会管理的依法治理,对村民委员会为基础的自治民主管理模式进行有效的改进,以适应现代化农业发展的需要。

七、农村社会治理体系现代化的配套体系

当下国家正在实施乡村振兴战略,农村社会治理体系现代化的根本目标就是实现城乡治理一体化、法治化和现代化。城市和农村一元化,“农民”不再是身份而是职业;农村土地和工厂原材料无区别,都是生产要素;对耕地的保护的不是是否利用、谁来利用的问题,而是如何利用,国家如何进行整体规划与指标控制的问题;对于农民权利保障,自然经济状态下的一个要素是农民必须握有土地或是留在土地上,而在市场经济环境要素中,农民不应固定在土地上,而且是无法固定在土地上。当前,土地是农民生存的基本保障,而户籍是农村土地分配的前提依据。我国现行的户籍制度是在计划经济的基础上以城乡分割作为前提的人口管理制度。在新中国成立初期,为促进城市工业化的发展,一条相当严格的界

限被划定在城市与乡村之间,也阻碍了资源的自由流动。① 在计划经济时期,二元的户籍制度一方面维护了社会的安定,但同时也带来城乡之间社会整合的断裂。改革开放以来,伴随市场经济的不断发展,现行户籍制度积极作用发挥甚微,相反却加剧了城乡差距,阻碍了社会生产要素的自由流通。2008 年《中共中央关于推进农村改革发展若干重大问题的决定》中明确提出,要推进户籍制度的改革,放宽在中小城市的落户条件。此决定为户籍制度的深化改革提供了强有力的政策依据。农村土地国有化的改革,需要逐步放开户籍制度,以实现资源在城市和乡村范围内的统一调配,实现城乡经济社会一体化发展。对于户籍制度改革的措施,不仅需要加快户籍立法进程,推动城乡居民自由流动迁居;同时也需健全农村社会保障制度,逐步实现公共服务均等化,②以促进劳动自由、迁徙自由,实现社会生产要素的盘活和效益最大化。这个目标的实现是建立在有比较健全的社会保障配套体系的基础上,要保障农民就业自由,通过建立专业化的就业市场,并通过建立职介中心、培训中心,帮助农民学习一技之长,提升农民专业技能和自身优势,实现选择性就业;此外,还要促进要素的自由流通,让农民获得更多的收益和社会保障。

① 参见支璐:《城乡发展与户籍制度改革》,载《法制与社会》2010 年第 6 期。

② 参见支璐:《城乡发展与户籍制度改革》,载《法制与社会》2010 年第 6 期。

结　论

土地制度是社会制度的基础制度，与国家性质密切相关，我国与社会主义的国家性质相适应实行的是土地公有制。从制度层面讲，土地制度包括土地所有权制度、土地利用制度、土地管理制度等制度体系，而其中的土地利用制度相较于其他制度具有较大的易变性，特别是土地所有权制度相对稳定，土地利用制度和土地管理制度之间的相对易变性是引起社会利益结构甚至社会结构发生变化的重要原因。因此，研究农村社会管理，必须以土地利用制度的变化作为基础。从古今中外的历史得失看，当农村社会管理制度适应土地利用制度变化的时候，就会带来农业经济的快速发展和国家的繁荣稳定，当两者不能相互适应的时候，就可能会引发改革或者革命。当前我国实行的是在国家公有制下土地所有权二元制结构，农村土地为集体所有，其他土地主要为国家所有，并且国家所有的土地使用权可以采用出让的方式进行自由的流通，而农村集体所有的土地流转权受到很大的限制，其土地利用价值没有得到市场的体现，这导致了城乡社会经济发展的差距不断加大，城乡二元社会结构的加深。不可否认，这种制度在很长一段时间适应了我国生产力发展的需要，在短短的40年时间我国的社会经济发展出现了质的飞跃，由吃不饱饭达到全面小康，由农业国家变成了世界工厂，与此同时，我们长期地保持了社会稳定。但是，正如党的十九大报告所指出的，在国家社会经济发展取得巨大成就的同时，社会的主要矛盾也发生了变化，国家的政策已经转为以如何解决人民日益增长的美好生活需要和不平衡不充分的发展之间的矛盾为主要目标。在这个目标当中，如何缩小城乡差距，甚至最终消除城乡二元化结构成为社会治理现代化的基础所在。

改革开放以来，用宪法和法律确立的村民自治制度形式适合传统农业社会的农村管理需要。随着我们国家进入工业化，市场化和法治化必须要有人口的流动化、交易的自由化和社会的法治化，传统的农村社会管理模式便进入到了现代化的乡村治理模式阶段。当前土地利用制度方向是按照“三权分置”的方式进行，社会治理是按照城乡一体化方向转变，而现行法律使土地利用制度难以有更大的突破，当前的转变遇到了障碍。经过比较广泛的调查研究和比较深入的理论分析，我们认为现在需要改革的已经不是土地利用制度，而是土地所有权制度。因此，本课题将农村社会管理制度因应制度的立论基础建立在集体土地所有权制度转变为与城市一样的国家所有权制度的假设之上，并经过论证我们证实了其可行性、可能性、合法性和政治正确性。在此基础上，我们提出了以乡村振兴战略为总目标的农村社会治理现代化的路径，以及完善农村社会管理体制的建议。由于本课题研究的内容具有很强的理论性和实践性，涉及的理论很广，实践很丰富，资料很复杂，放到世界范围内看，既具有普遍性，更具有国别的特殊性。虽然理论界和实务界都能够意识到，土地利用制度与农村社会管理之间千丝万缕的联系，但尚没有理论进行系统性的研究，对新形势下我国农村社会管理如何去应对土地利用变化带来的冲击少有研究，以至于如何从社会治理现代化的角度去探讨土地所有权制度的理论更是尚付阙如。本课题大胆地作出了这一尝试，但是，我们的知识储备和理论能力与选题所涉及内容的较高社会期望之间仍然存在差距，研究还存在一些不足之处。我们的研究不会停步，本课题为我们日后进一步研究奠定了基础，对本课题形成的一些结论，我们将进一步扩大调研范围进行论证，对本课题提出的一些建议，我们将会根据实践发展的情况进一步充实。但由于时间和精力的限制，虽竭尽全力，仍难免有不当之处，敬请批评指正。

参考文献

一、中文论文

1. 蔡立东、侯德斌:《论农村集体土地所有权的缺省主体》,载《当代法学》2009 年第 6 期。

2. 蔡永顺:《代理人困境与国家治理:兼评“风险论”》,载《社会》2017 年第 3 期。

3. 陈美球、廖彩荣:《农村集体经济组织:“共同体”还是“共有体”?》,载《中国土地科学》2017 年第 6 期。

4. 陈彦晶:《“三权分置”改革视阈下的农地经营权入股》,载《甘肃政法学院学报》2018 年第 3 期。

5. 陈甦:《城市化过程中集体土地的概括国有化》,载《法学研究》2000 年第 3 期。

6. 陈甦:《土地承包经营权物权化与农地使用权制度的确立》,载《中国法学》1996 年第

3 期。

7. 陈勇:《英国土地制度及其实践》,载《山东国土资源》2007 年第 2 期。

8. 陈永志、黄丽萍:《农村土地使用权流转的动力、条件及路径选择》,载《经济学家》2007 年第 1 期。

9. 陈小君、高飞、耿卓:《我国农村集体经济有效实现法律制度的实证考察——来自 12 个省的调研报告》,载《法商研究》2012 年第 6 期。

10. 陈小君:《农村集体土地征收的法理反思与制度重构》,载《中国法学》2012 年第 1 期。

11. 党国英:《土地制度对农民的剥夺》,载《中国改革》2005 年第 7 期。

12. 付恒杰:《日本城市化模式及其对中国的启示》,载《日本问题研究》2003 年第 4 期。

13. 付莹:《深圳经济特区有偿使用土地制度变迁及其影响》,载《深圳大学学报(人文社会科学版)》2016 年第 7 期。

14. 高飞:《土地承包权与土地经营权分设的法律反思及立法回应——兼评〈农村土地承包法修正案(草案)〉》,载《法商研究》2018 年第 3 期。

15. 高飞:《农村集体经济有效实现的法律制度运行研究——以湖北省田野调查为基础》,载《农村经济》2012 年第 1 期。

16. 高飞:《论集体土地所有权主体之民法构造》,载《法商研究》2009 第 4 期。

17. 高飞:《论集体土地所有权主体立法的价值目标与功能定位》,载《中外法学》2009 年第 6 期。

18. 高飞:《集体土地使用权主体制度运行状况的实证分析》,

载《中国农村观察》2008 年第 6 期。

19. 高强、王富龙:《美国农村城市化历程及启示》,载《世界农业》2002 年第 5 期。

20. 高圣平:《农地三权分置视野下土地承包权的重构》,载《法学家》2017 年第 5 期。

21. 郭晨阳、陕永杰:《土地确权背景下农民土地流转意愿影响因素实证研究——以山西省洪洞县为例》,载《山西农业科学》2018 年第 1 期。

22. 辜胜阻、杨威:《反思当前城镇化发展中的五种偏向》,载《中国人口科学》2012 年第 3 期。

23. 顾益康、孙永朋:《农民大规模转移与农业生产经营体制创新——构建新型农业双层经营体制的战略思考》,载《中国乡镇企业》2011 年第 3 期。

24. 桂华:《论土地使用权转让的〈宪法〉秩序——〈土地管理法(修正案)〉(征求意见稿)评析》,载《思想战线》2018 年第 3 期。

25. 国务院发展研究中心农村部课题组:《从城乡二元到城乡一体——我国城乡二元体制的突出矛盾与未来走向》,载《管理世界》2014 年第 9 期。

26. 韩俊:《在民法总则中明确集体经济组织的特殊法人地位》,载《中国人大》2016 年第 21 期。

27. 韩松:《新农村建设中土地流转的现实问题及其对策》,载《中国法学》2012 年第 1 期。

28. 韩松:《论政府公权力对农民集体土地所有权的侵害及其治理》,载《河南财经政法大学学报》2012 年第 3 期。

29. 贺平:《战后日本农地流转制度改革研究——以立法调整和利益分配为中心》,载《日本学刊》2010 年第 3 期。

30. 何子建:《利益、民主政治与社会结构的联结点》,载《社会学研究》1995 年第 1 期。

31. 纪晓岚:《英国城市化历史过程分析与启示》,载《华东理工大学学报(社会科学版)》2004 年第 2 期。

32. 简新华、黄锟:《中国城镇化水平和速度的实证分析与前景预测》,载《经济研究》2010 年第 3 期。

33. 江必新、王红霞:《论现代社会治理格局——共建共治共享的意蕴、基础与关键》,载《法学杂志》2019 年第 2 期。

34. 姜德波、彭程:《城市化进程中的乡村衰落现象:成因及治理——"乡村振兴战略"实施视角的分析》,载《南京审计大学学报》2018 年第 1 期。

35. 姜晓萍:《国家治理现代化进程中的社会治理体制创新》,载《中国行政管理》2014 年第 2 期。

36. 孔有利、王荣:《农村集体经济组织产权结构分析》,载《财经问题研究》2004 年第 4 期。

37. 田宝玉:《农村土地流转中政府的角色定位与农民利益的保护》,载《农业经济》2004 年第 9 期。

38. 郎佩娟:《农村推动流转中的深层次问题与政府行为》,载《国家行政学院学报》2010 年第 1 期。

39. 李茂:《美国土地利用规划特点及其对我国的借鉴意义》,载《国土资源情报》2009 年第 3 期。

40. 李永军:《集体经济组织法人的历史变迁与法律结构》,载《比较法研究》2017 年第 4 期。

41. 李强、陈宇琳、刘精明:《中国城镇化"推进模式"研究》,载《中国社会科学》2012 年第 7 期。

42. 李强:《"丁字型"社会结构与"结构紧张"》,载《社会学研究》2005 年第 2 期。

43. 李林杰、石建涛:《日韩城乡统筹发展的经验借鉴》,载《日本问题研究》2008 年第 4 期。

44. 林星、吴春梅:《农村股份经济合作社治理结构、机制与模式》,载《农业现代化研究》2017 年第 6 期。

45. 刘道远、谭奕和:《土地征收中集体土地权利研究》,载《法学杂志》2007 年第 3 期。

46. 柳松、李大胜:《农村集体经济组织的公共开支与税赋负担——来自广东的案例分析》,载《经济问题探索》2007 年第 2 期。

47. 刘守英、熊雪锋、龙婷玉:《集体所有制下的农地权利分割与演变》,载《中国人民大学学报》2019 年第 1 期。

48. 刘守英:《集体土地资本化与农村城市化——北京市郑各庄村调查》,载《北京大学学报(哲学社会科学版)》2008 年第 6 期。

49. 刘合光:《激活参与主体积极性,大力实施乡村振兴战略》,载《农业经济问题》2018 年第 1 期。

50. 刘永佶:《论中国农村土地制度的改革》,载《中国特色社会主义研究》2014 年第 1 期。

51. 罗海平:《异议农村集体经济的性质》,载《中国经济问题》2008 年第 2 期。

52. 罗红艳:《国家集权与集体土地所有权虚化》,载《农村经济与科技》2018 年第 9 期。

53. 罗猛:《村民委员会与集体经济组织的性质定位与职能重构》,载《学术交流》2005 年第 5 期。

54. 马戎:《"差序格局"——中国传统社会结构和中国人行为的解读》,载《社会学研究》2007 年第 2 期。

55. 马晓河、胡拥军:《中国城镇化进程、面临问题及其总体布局》,载《改革》2010 年第 10 期。

56. 潘学方:《社员的演变和集体所有制的终结——基于浙江村经济合作社股份制改革的分析》,载《中国农村研究》2016 年第 1 期。

57. 彭华:《治理中的社会组织参与:历史变迁与现实走向》,载《湖北工程学院学报》2018 年第 1 期。

58. 齐秀琳、伍骏骞:《身份异质性、差序格局与社会信任》,载《中南财经政法大学学报》2017 年第 2 期。

59. 单忠献:《论我国农村集体经济组织的法人化》,载《农业经济》2018 年第 3 期。

60. 施虹:《日本在工业化过程中对农业的保护与支持》,载《世界农业》1997 年第 1 期。

61. 史卫民:《国外土地制度变迁中农民土地权益保护的比较与借鉴》,载《现代经济探讨》2014 年第 2 期。

62. 宋振全、于云荣、王秀荣:《“三权分置”视域下农村集体所有制实现:缘起、维度及思索》,载《农业经济》2017 年第 8 期。

63. 孙宪忠:《中国农民“带地入城”的理论思考和实践调查》,载《苏州大学学报(哲学社会科学版)》2014 年第 3 期。

64. 孙宪忠:《物权基本制度的基本范畴及主要制度的反思(上)》,载《中国法学》1999 年第 5 期。

65. 唐子来、李京生:《日本的城市规划体系》,载《城市规划》1999 年第 10 期。

66. 仝志辉:《村委会和村集体经济组织应否分设——基于健全乡村治理体系的分析》,载《华南师范大学学报(社会科学版)》2018 年第 6 期。

67. 王春平、张立富:《农村集体经济组织的法律地位与企业化改造》,载《农业经济问题》2002 年第 2 期。

68. 王丹:《农村集体经济组织法人的法律定位》,载《人民司法》2017 年第 28 期。

69. 王嘎利、李红波:《我国农村土地流转制度创新之评析与未来路径选择》,载《长春工业大学学报(社会科学版)》2012 年第 2 期。

70. 王利明、周友军:《论我国农村土地权利制度的完善》,载《中国法学》2012 年第 1 期。

71. 王义:《从管制到多元治理:社会管理模式的转换》,载《长白学刊》2012 年第 4 期。

72. 王宇琦、张秀智:《前车之鉴,后车之师——探究英国城市规划及土地利用价值的全过程》,载《城市开发》2006 年第 7 期。

73. 王自力、田明华、陈建成:《我国土地所有权主体重构问题探索》,载《北京林业大学学报(社会科学版)》2008 年第 1 期。

74. 温世扬:《集体所有土地诸物权形态剖析》,载《法制与社会发展》1999 年第 2 期。

75. 温雪、赵朋飞、覃梦妮:《西部农村城镇化进程中社会治理二元机制设计——基于村民委员会与农民专业合作社的视角》,载《农村经济》2018 年第 7 期。

76. 吴理财:《中国农村社会治理 40 年:从"乡政村治"到"村社协同"——湖北的表述》,载《华中师范大学学报》(人文社会科学版)2018 年第 4 期。

77. 吴群、李永乐:《财政分权、地方政府竞争与土地财政》,载《财贸经济》2010 年第 7 期。

78. 夏玉珍、刘小峰:《费孝通〈乡土中国〉中的"差序格局"概念探讨》,载《中国图书评论》2010 年第 12 期。

79. 肖得意:《土地管理之日韩经验》,载《国土资源导刊》2010年第6期。

80. 肖绮芳、张换兆:《日本城市化、农地制度与农民社会保障制度关联分析》,载《亚太经济》2008年第3期。

81. 谢军:《中国农村地权立法缺失与漏洞》,载《经济师》2006年第7期。

82. 许绍勇:《我国城乡二元土地制度的负面效应与改革路径研究》,载《东南学术》2016年第1期。

83. 杨天波、江国华:《宪法中土地制度的历史变迁(1949－2010)——基于宪法文本的分析》,载《时代法学》2011年第1期。

84. 叶明:《农村土地国有化——解决农民土地保障的唯一出路》,载《理论参考》2013年第6期。

85. 于建嵘:《我国农村集体土地所有权虚置成因》,载《伊犁师范学院学报》2001年第3期。

86. 张富娟、冯思艺:《我国农村土地资产证券化可行性分析》,载《北方经贸》2018年第9期。

87. 张红宇:《城镇化进程中农村劳动力转移:战略抉择和政策思路》,载《中国农村经济》2011年第6期。

88. 张季风:《战前日本农村剩余劳动力的转移及特点》,载《日本学刊》2002年第3期。

89. 张俊:《英国的规划得益制度及其借鉴》,载《城市规划》2005年第3期。

90. 张康之:《社会治理建构的反思性阐释》,载《行政论证》2018年第2期。

91. 张千帆:《农村土地集体所有的困惑与消解》,载《法学研究》2012年第4期。

92. 张千帆:《城市土地"国家所有"的困惑与消解》,载《中国法学》2012 年第 3 期。

93. 张伟:《集体土地所有权法律制度研究》,载《中国地质矿产经济》2003 年第 4 期。

94. 赵启安:《建国后我国农村土地制度的演变与现实反思》,载《中国集体经济》2008 年第 9 期。

95. 赵淑华:《关于农地产权制度的理性思考》,载《学习与探索》2004 年第 6 期。

96. 赵万一:《中国农民权利的制度重构及其实现途径》,载《中国法学》2012 年第 3 期。

97. 郑风田:《成都地票交易被叫停的背后》,载《改革内参》2011 年第 5 期。

98. 郑江淮、赵华、王成思、陈长江:《增强农民主体地位,消除发展差异——来自苏州社会主义新农村建设的观察》,载《西北大学学报(哲学社会科学版)》2007 年第 3 期。

99. 周轶男、华晨:《内外、上下与刚柔——中日城市用地分类比较研究》,载《国际城市规划》2010 年第 1 期。

100. 周雪光、艾云:《多重逻辑下的制度变迁:一个分析框架》,载《中国社会科学》2010 年第 4 期。

二、中文专著

1. 毕宝德著:《土地经济学》,中国人民大学出版社 2002 年版。

2. 蔡定剑著:《宪法精解》,法律出版社 2006 年版。

3. 陈明著:《农地产权制度创新与农民土地财产权利保护》,湖北人民出版社 2006 年版。

4. 陈小君等著:《田野、实证与法理——中国农村土地制度体系构建》,北京大学出版社2012年版。

5. 范恒山著:《所有制改革:理论与方案》,首都经济贸易大学出版社2000年版。

6. 费孝通著:《乡土中国　生育制度》,北京大学出版社1998年版。

7. 高飞著:《集体土地所有权主体制度研究》,法律出版社2011年版。

8. 顾宝昌著:《社会人口学的视野:西方社会人口学要论选译》,商务印书馆1992年版。

9. 何盛明主编:《财经大辞典》,中国财政经济出版社1990年版。

10. 胡绳著:《中国共产党的七十年》,中共党史出版社1991年版。

11. 黄韬著:《中国农地集体产权制度研究》,西南财经大学出版社2010年版。

12. 蒋省三、刘守英、李青著:《中国土地政策改革:政策演进与地方实施》,上海三联书店2010年版。

13. 李进之著:《美国财产法》,民主法制出版社2006年版。

14. 李锡厚著:《均田制兴废与所有制变迁》:社会科学文献出版社2016年版。

15. 陆雄文著:《管理学大辞典》,上海辞书出版社2013年版。

16. 钱穆著:《中国历代政治得失》,生活·读书·新知三联书店2001年版。

17. 邵彦敏著:《中国农村土地制度研究》,吉林大学出版社2008年版。

18. 王建著:《区域与发展》,浙江人民出版社1998年版。

19. 王景新著:《中国农村土地制度的世纪变革》,中国经济出版社 2001 年版。

20. 王卫国主编:《中国土地权利研究》,中国政法大学出版社 2017 年版。

21. 王卫国主编:《21 世纪中国民法之展望———海峡两岸民法研讨会论文集》,中国政法大学出版社 2008 年版。

22. 温铁军著:《三农问题与世纪反思》,生活 · 读书 · 新知三联书店 2005 年版。

23. 余英时著:《从价值系统看中国文化的现代意义》,时报文化出版社 1984 年版。

24. 袁铖著:《制度变迁过程中农民土地权利保护研究》,中国社会科学出版社 2010 年版。

25. 张曙光著:《中国地权变迁六十年》,社会科学文献出版社 2002 年版。

26. 张月蓉著:《完善我国农村土地制度的途径》,知识出版社 1992 年版。

27. 周新城著:《什么是社会主义》,经济科学出版社 2000 版。

三、外文译著

1. [英]梅因著:《古代法》,沈景一译,商务印书馆 1959 年版。

2. [美]曼瑟尔 · 奥尔森著:《集体行动的逻辑》,陈郁、郭宇峰、李崇新译,上海三联书店、上海人民出版社 1995 年版。

3. [英]哈耶克著:《个人主义和经济秩序》,邓正来译,生活 · 读书 · 新知三联书店 2003 年版。

4. [日]渡边俊一著:《日本和美国的土地利用规制——从比较城市规划的观点上论述》,林镐根译,《国外城市规划》1994 年第 2 期。

四、外文文献

1. Alok Kumar, Brianne Kober, "Urbanization, Human Capital, and Cross-country Productivity Differences", *in Economics Letters*, 2012(117).

2. Anonymous, "How a New Land Ownership Law Affects Us", *in ProQuest*, 2013(5).

3. David. D. LI, "A Theory of Ambiguous Property Rights in Transition Economies: The Case of the Chinese Non-State Sector", *in Journal of Comparative Economics*, 1996(23).

4. Dan Usher, "Property Rights, the Social Contract and the Requirements for Democratic Government: Reflections on the Calculus of Consent", *in Public Choice*, 2012(152).

5. Edward Miller, John Hatcher, *Medieval England : Towns, Commerce and Crafts* 1086 - 1348, London and New York : Longman, 1977.

6. Fei J., Ranis G., "A Theory of Economic Development", *in American Economic Review*, 1961(57).

7. Glenn Harris, Sarah Gross, Daniel Auerbach, "Land Ownership and Property Rights in the Adirondack Park of New York", *in Landscape Research*, 2012(6).

8. Guillaume Lestrelina, Jeremy Bourgoina, Bounthanom Bouahomc Jean-Christophe Castella, "Measuring Participation: Case studies on Village Land Use Planning in northern Lao PDR", *in Applied Geography*, 2011(31).

9. George D. Brown, "State Land Use Laws and Regional Institutions", *in Boston College Environmental Affairs Law Review*, 1975(1).

10. G. E. Mingay, *Enclosure and the Small Farmer in the Age of Industrial Revolution*, Macmillan, 1968.

11. H. N. Van Lier, "The Role of Land Use Planning in Sustainable Rural Systems", *in Landscape and Urban Planning*, 1998, 41(2).

12. Hans L., "Market Oriented Land-use Planning: A Conceptual Note", *in Planning and Markets*, 2002, 5(1).

13. Howard P., "Major Problems in American Urban History", D. C. Heath and Company, 1994.

14. Lewis, "Economic Development with Unlimited Supplies of Labor", *in Manchester School of Economics and Social Studies*, 1954 (22).

15. Lucas Robert E., "Life Earnings and Rural Urban Migration", *in Journal of Political Economy* 2004, Vol. 112, No. 1.

16. Myers, *The Chinese Peasant Economy: Agricultural Development in Hopei and Shantung* 1890 – 1949, Harvard University Press, 1970.

17. P. Deane, W. A. Coll, *British Economic Growth* 1688 – 1959: *Trends and Structure*, London: Cambridge University Press, 1964.

18. Ronald H. Coase, *The Nature of the Firm: Origins, Evolution and Development*, Oxford University Press, 1937.

19. Robcrt. R. Wright, Morton Citclman, *Land Usc: Cascs and Material*, West Publishing Company, 1990.

20. Susan Reynolds, *An Introduction to the History of English Medieval Towns*, Oxford University Press, 1977.

21. Saizen I., Mizeno K., Kobayashi S., "Effects of land-use Master Plans in the Metropolitan Fringe of Japan", *in Landscape and Urban Planning*, 2006(78).

22. Tang B-s, Wong S-w, Lee A K-w, "Green Belt in a compact city: A Zone for Conservation or Transition", *in Landscape and Urban Planning*, 2007, 79(3-4).

23. Thanakvaro ThylDeLoPez, "Stakeholder Management for Conservation Projects: A Case Study of Ream National Park, Cambodia", *in Environmental Management*, 2001, 28(1).

24. Todaro MP, "A Model of Labor Migration an Urban Unemployment in Less Developed Countries", *in American Economic Review*, 1969(59).

致　谢

本书是国家社会科学基金项目的结项成果，感谢国家社会科学基金管理办公室和各位评审专家对本课题的立项资助。课题组发现了一个非常有趣的现象，那就是土地利用制度变化和农村社会管理之间存在正相关关系。基于对这一关系的认识，我们展开了范围比较广的调研，进行了历时 6 年的研究，对于乡村振兴条件下的农村社会管理制度如何向乡村治理变革有了更加深刻的理解，在这一前提下对于土地利用制度的变化和法律规定也有了更加深刻的理解。在研究过程中，国家先后推出了城乡一体化和乡村振兴战略，土地利用制度也从家庭联产承包经营责任制转变为“三权分置”。我们时刻关注和跟进这些最新变化，不断修正完善课题内容，数易其稿，终成此稿，其中凝结了课题组全体成员和参研人员的智慧和努力，更离不开四川省委政法委、四川省高级人民法院、四川省司法厅、宜宾市人民政府、内江市人民政府、达州市人民政府、广安市人民政府、乐山市人民政府、雅安市人民政府、锦江区人民政府、郫都区人民政府、彭州市人民政府、绵竹市人民政府、凉山州布拖县、三圣乡红砂村、绵竹市白果村、绵竹市棚花村等为本课题研究提供的调研和资料支持，在此表示最衷心的感谢！我们还要特别感谢《中国社会科学》《中国法学》《管理世界》《改革》《社会科学辑刊》等杂志社不吝版面刊发了10余篇阶段性研究成果！还要感谢各位评奖专家对前期阶段性研究成果的认可！我们的前期研究成果，先后获得四川省社会科学优秀科研成果三等奖2项，二等奖1项，一等奖1项，所有这些都为我们带来了战胜困难的勇气和信心。在课题结项评审过程中，我们还得到了匿名评审专家的宝贵支持和建议，在此致以最诚挚的感谢！

本课题设定的主题非常复杂，具有很深的理论性和很强的实践性，我们的研究仅仅是抛砖引玉，其中仍有一些不当之处，敬请批评指正。

本书课题组

2019年7月15日

- 契约正义论　胡启忠　著
- 刑法科学主义初论　文海林　著
- 经济宪法学导论——转型中国经济权与权力之博弈　吴　越　著
- 中国农民工非正式的利益抗争——基于讨薪现象的法社会学分析　王伦刚　著
- 公司经理权问题研究　杜　军　著
- 论保险代位权制度的建构——以权利法定代位的制度选择为中心　黄丽娟　著
- 我国民间金融规范化的法律规制　高晋康　唐清利　等　著
- 修正金融刑法适用研究：立法·理论·实务　胡启忠　石　奎　等　著
- 银行监管权边界问题研究　熊　伟　著
- 金融控股公司内部治理机制研究　梁远航　著
- 城市住宅区业主自治运行实效研究——基于个体决策的视角　陈　丹　著
- 遵从·背离·弥合——我国中央与地方财政关系的重构　马骁　唐清利　等　著
- 中国农民专业合作社运行的民间规则研究——基于四川省的法律社会学调查　王伦刚　著
- 公私权模糊领域的合作治理研究　唐清利　著
- 民法法典化的历史追究：侧重于民族统一与复兴的视角展开　吴治繁　著
- 疑罪新论　金　钟　著
- 中国相互制保险公司治理的法律规制——基于公司治理主体权利视角　方国春　著
- 民间金融协同规制论　林越坚　著
- 执法经济学：以转型时期的中国法治为研究对象　戴治勇　著
- 公私权模糊领域的合作治理研究　唐清利　著

- 土地利用制度变化条件下乡村社会治理的法律机制研究　　何　真　等　著
- 我国地方政府间竞争失范法律治理机制研究　　刘弘阳　著
- 法人代表权限制的效力规则研究——基于案例统计和两大法系的比较法研究　　吴　越　等　著
- 非法集资刑法应对的理论与实践研究　　胡启忠　等　著
- 我国食品安全治理的信任机制研究　　马力路遥　著
- 民法埋藏物发现制度研究　　赖虹宇　著
- 预防与纠错：刑事司法的理念　　熊谋林　著

图书在版编目(CIP)数据

土地利用制度变化条件下乡村社会治理的法律机制研究 / 何真等著. -- 北京：法律出版社，2017
ISBN 978-7-5197-1823-7

Ⅰ. ①土… Ⅱ. ①何… Ⅲ. ①农业用地-土地利用-土地制度-研究-中国②农村-社会管理-研究-中国
Ⅳ. ①F321.1②C912.82

中国版本图书馆 CIP 数据核字(2017)第312726号

土地利用制度变化条件下乡村社会治理的法律机制研究
TUDI LIYONG ZHIDU BIANHUA TIAOJIAN XIA XIANGCUN SHEHUI ZHILI DE FALÜ JIZHI YANJIU

何 真
唐清利 等著
张 欣

策划编辑 郑 导
责任编辑 郑 导
装帧设计 汪奇峰

出版 法律出版社
总发行 中国法律图书有限公司
经销 新华书店
印刷 北京虎彩文化传播有限公司
责任校对 郭艳萍
责任印制 张建伟

编辑统筹 独立项目策划部
开本 A5
印张 7
字数 165千
版本 2019年12月第1版
印次 2019年12月第1次印刷

法律出版社/北京市丰台区莲花池西里7号(100073)
网址/www.lawpress.com.cn
投稿邮箱/info@lawpress.com.cn
举报维权邮箱/jbwq@lawpress.com.cn
销售热线/400-660-8393
咨询电话/010-63939796

中国法律图书有限公司/北京市丰台区莲花池西里7号(100073)
全国各地中法图分、子公司销售电话：
统一销售客服/400-660-8393/6393
第一法律书店/010-83938432/8433
西安分公司/029-85330678
重庆分公司/023-67453036
上海分公司/021-62071639/1636
深圳分公司/0755-83072995

书号：ISBN 978-7-5197-1823-7
定价：36.00元
(如有缺页或倒装，中国法律图书有限公司负责退换)